다양성 전략

이 종 구 지음

서울경제경영

| 저자소개 |

이 종 구

▸ 학력사항

- 숭실대학교 전자공학과 졸업
- 플로리다 공과대학교 (Florida Institute of Technology) 전기전자공학과 대학원 졸업, 공학 석사
- 헬싱키 MBA (Helsinki School of Economics), 경영학 석사
- 서울과학종합대학원(aSSIST), 경영학 박사
- 졸업논문: 다양성 수준과 다양성 통합 전략이 기업 성과에 미치는 영향에 관한 연구

▸ 주요 경력

- 삼성전자에서 무선통신 소프트웨어 연구원을 시작으로 LG전자와 노키아에서 마케팅 매니저, 컴버스와 오라클에서 영업총괄 임원을 역임하고
- (현) NICE Systems 한국 지사장
- (현) 서울과학종합대학원 겸임교수
- (현) 산업통상자원부 경제자유구역 자문회의 자문위원

▸ 주요 수상경력

- 헬싱키 MBA, 'Most Popular Student Award' 수상
- 오라클 'Top Salesman Award' 수상
- 오라클 'Oracle President Club Award' 수상
- 오라클 'Oracle Largest Software Deal Award' 수상
- NICE Systems '2013 President Cup' 수상

▸ 주요 논문

- "한국기업의 전략적 다양성 관리를 위한 사례연구 - 한국과 유럽의 정책비교를 중심으로," 기업연구저널(2012)
- "전략적 다양성 관리를 위한 다양성 통합요인에 관한 연구 - 오라클 사례를 중심으로," KBR(2013)
- "한국 기업의 다양성 수준, 전략 그리고 기업 성과," 전문경영인연구(2012)

머리말

무슨일이든 처음 시작하는 것은 어렵다. 필자가 처음 다양성이라는 주제에 관심을 갖고 여러 문헌들을 뒤적이기 시작했을 때에도 경영학에서는 주제의 생소함 때문인지 관련 논문이나 주 서적들이 대부분 영어원문이었다. 토종 한국인으로서 한국어에 익숙한 필자에게 고학이었던 것은 사실이었다. 무엇보다도 직장생활과 병행해야 한다는 것이 말이다.

그러다 어느덧 몇 차례 논문을 발표하고 학위를 받고 이제 해방이 되어 명함에 경영학 박사라는 글자를 자랑스럽게 생각했던 때가 벌써 3년 전의 일이었다. 만나는 사람마다 무엇을 공부했냐고 물어보면 다양성을 연구했다고 좀 더 구체적으로 기업 경영적 측면에서 다양성에 관한 전략성 검토를 했다고 떠들었다. 그리고 다양성의 주제야말로 대한민국의 사회나 기업의 현실에서 이제는 중요한 테마가 되고 있고 또한 되어야 할 것이라고 자랑스럽게 너스레를 편다.

하지만 늘 이렇게 수다만 떨고 다니기에는 지난 오랜 학습의 기간이 아깝기도 하고 그보다도 다양성이란 주제가 너무 비중있게 필자의 업무와 일상에, 사회현상에, 기업문제에 의미있게 다루어져야 한다는 필요성으로 마음 한구석을 크게 짓누르고 있다. 또 한편으로는 필자가 국가와 사회의 도움으로 현재를 살아가고 있고 이제는 한 줌의 모레를 옮기는 일이라도 헌신을 해야한다는 생각에 보이지 않은 소명을 느낀다.

이 책은 다양성이란 소재를 가지고 기업이 주체가되어 다루어야 할 일종의 전략서이다. 필자가 KBR등 경영관련 학회에서 2011~12년에 발표했던 세 편의 논문을 주 테마로 엮고 최근의 업데이트 된 정보를 추가하여 묶은 기업의 다양성 전략에 관한 내용이다. 다양성에 관하여 풍부하고 깊이있는 이론들이 있지만 필자의 이해 수준에 맞는 내용으로 정리했고 다양성의 정책과 기업의 다양성 관리,

글로벌 기업들의 다양성 전략 사례 그리고 국내에서 활동하는 외국계 기업을 포함한 국내 토종 기업들의 다양성 전략의 이해와 계획들이 담겨져있다. 그리고 무엇보다도 대한민국의 기업현실에서 다양성을 이해하고 활용하는 것에 대한 선진 사례를 벤치마킹하여 국내의 기업들이 경쟁력을 갖추는데 일조를 하는 것이 조그마한 목표이다.

필자가 다양성을 공부하면서 매우 중요하게 다가왔고 현재까지도 공감하는 것은 다양성이란 것을 개념적으로나 인식적으로만 다루어서는 않된다는 것이다. 다양성은 여러측면의 공간들, 즉 기업이나 학교나, 사회조직, 단체 등에서 실재적으로 이행되고 소통되어야 할 주제이고 지속적으로 발전되어야 할 일종의 여정이 되어야 한다. 그러기에 다양성을 올바로 정의하는 것부터 이해하고 체득하기까지의 과정들이 존재한다. 즉 다양성은 '먼저 올바로 정의하고 이해하고 수용하고 활용하는 여정'이다.

실제로 다양성을 오래 공부하신 분들에게는 이론에 대한 깊이도 없이 제멋대로 정리하여 놓았다는 꾸중을 들을 것이며 이미 다양성 전략의 상위 전략을 구사하는 특히 글로벌 기업들에게는 진부한 내용이라는 비평을 할지 모른다. 하지만 기업의 전략측면에서 다양성을 논의하고 제시한 국내서적은 아직 보지 못했다. 이 책이 기존 발표된 논문의 내용이나 논조들을 그대로 유지했기 때문에 일반독자들은 다소 지루하고 딱딱하게 느낄수 있다. 하지만 기업들에게는 다양성 전략의 방향을 제시하는데 약간이라도 기여가 되기를 바라고 여러 국내 연구자들에게도 다양성을 보다 중요한 주제로 인식하여 소량이나마 학문적 재료로 쓰여지기를 바랄뿐이다.

이 책은 필자 혼자의 능력으로 쓰여진게 아니다. 실로 여러 분들의 도움을 받았다. 다양성이라는 운명적 주제를 추천하시고 여러 논문을 발표하기까지 지도해주셨고 이 책의 방향성에까지 조언을 해주신 서울과학종합대학원의 고영희 교수님께 먼저 깊은 감사를 드린다. 또한 이 책을 출판하기까지 쉽지않은 결정을 해 주신 서울경제경영의 김은중 대표님께 감사를 드리면서 다음 책은 보다 대중적인 내용으로 다루어질 것임을 약속드린다. 이 밖에도 많은 분들의 도움을 받았지만 일일이 인사를 드리지 못함을 이해해 주시리라 믿는다. 마지막으로 옆에서 항상 힘이 되어준 나의 아내와 두 딸에게도 고마움과 사랑을 전하고 힘과 용기를 주신 하나님께 감사와 영광을 돌린다.

2016년 3월 16일

송파구 방이동에서

목 차

표 목차

그림 목차

I 프롤로그

어느 날, 갑자기 당신의 직장이나 공동체에 여러분과 완전히 다른 사람 – 피부색, 학벌, 자라온 문화, 교육배경 등 – 이 당신이 수년 또는 수십 년 동안 같이 맺어온 공동체의 일원으로 들어왔다고 가정해보자. 그리고 이 사람은 당신과 그동안 관계를 맺어온 공동체 내의 많은 사람들과는 확연히 다르다. 그때 당신의 초기 반응이 어떨지를 상상해 보라.

아마도 대부분의 사람들은 먼저 경계를 하면서 조심스럽게 다가갈 것이고 물을 것이다. 어디 태생(출신)이고 나이가 몇인지, 그리고 기혼인지 미혼인지 등, 즉 눈에 보이는 것을 중심으로 그 사람을 파악하려고 노력할 것이다. 또한 그가 내가 속한 공동체에 어울릴 만한 동질성을 지니고 있는지 어떠한 이질성이 있는지 더 나아가 그러한 이질성을 어떻게 다루어야 할지 등을 조심스럽게 살필 것이다. 그런데 많은 사람들이 대부분 이런 상황이 되었을 때 이질성을 통하여 창의적이고 발전적인 공동체가 될 수 있다는 호기심을 가지고 접근하는 사람은 매우 드문 것 같다.

최근 한국의 대기업에서 10년동안 근무했던 프랑스인 태생의 임원이 해당기업에서 겪었던 경험담을 소재로 도발적인 제목의 책을 출간하여 화제가 되었다. 저자는 한국 기업 조직이 보여주는 효율성과 세심함 그리고 일에 대한 열정과 에너지를 높게 평가했다. 하지만 그 이면에 나타나는 비인간적인 기업문화를 적나라하게 비판했다. 상상을 초월하는 업무량을 소화해내기 위하여 야근은 기본이고 주말까지 일을 하면서 한편으로는 상사들의 눈치를 보면서 온갖 압박과 스트레스를 견디는 현장을 목격했고 경험했다. 한국인 직장인에게는 가정과 생활이라는 개념은 무시되고 일에 묻혀 그저 기계적으로 살아야 한다는 내용이 주류를 이룬다.

기업 조직 문화에 깔려있는 계급주의와 서열문화가 직장인들을 비인간적인 기계로 만들어버리고 회사라는 거대한 시스템안의 부속품으로 살아갈 수 밖에 없는 약간의 과장은 있지만 척박한 현실을 이야기 한다. 스캇 펙 박사는 그의 저서 '저 하늘에서도 이 땅에서처럼'에서 '아말감 시스템'이라는 거대기업과 그 안에서 기계적으로 일하는 영혼들을 지옥으로 표현했다. 이 책에서 저자는 본인이 죽은 후, 영원한 천국에 들어가기 전에 경험하는 연옥과 지옥에 관한 상상을 그렸다. 아말감 시스템은 쓰레기통으로, 그 안에서 일하는 수 많은 영혼들은 쓰레기로 표현했던 것이 아직도 생생하다.

또한 여전히 기억에 남는 내용은 프랑스인 임원의 아들이 어느 날 아빠에게 '아빠 앞으로 아빠회사 제품은 하나도 안 살 거예요. 회사가 우리 아빠를 빼앗아 갔으니까요' 말해서 충격을 받았다는 내용이다. 많은 우리의 아빠들은 성공을 위하여 자녀들과의 관계를 희생하고 있다. 필자 역시 해당 대기업에서 직장 경험이 있었기에 더욱 공감이되면서 한편 마음이 무겁다.

문명은 과학과 기술의 발전으로 더 편해지는데 인간은 오히려 기계화되고 부품화되어 가는 삭막한 이유는 무엇일까? 그것은 인간의 다양성이 무시되기 때문이다. 동질적인 계급주의와 상명하달의 문화에서는 존엄한 인간의 다양한 특성들이 드러나 빛을 발하는 것이 아니라 암흑속에 묻히기 때문이다. 그리하여 기업은 몇 사람 리더의 아이디어로만 운영이 되고 조직원들은 그저 따르기만 할 뿐, 결국 경쟁력을 상실하게 될 것이다.

최근 어느 뉴스 매체를 통하여 청소년 학생들의 폭력문제가 도를 넘어 사회적인 문제로 번져가고 있다는 소식을 자주 접한다. 특히 새 학년 새 학기가 시작하면 처음 한달 동안이 제일 심하다고 한다. 과연 왜 그럴까? 많은 전문가들이 심리학적으로 정신의학적으로 원인을 내 놓고 있고 교육 정책을 다루는 전문가들은 여러 가지의 정책적 솔루션을 제시하지만 필자는 이것 또한 다양성의 문제로 본다. 즉 서로의 다름을 인정하지 않는 것부터가 가장 큰 원인으로 생각한다.

그것은 의도적이든 아니든 간에 오랫동안 추구해온 동질화와 계급의식이 그 바탕에 깔려 있는 것이다. 그리하여 기성세대는 물론이고 기성세대의 가정교육을 답습하는 청소년들에게 이어지는 것이다. 새 학년 새 학기에 학급 내 동질화된 문화와 의식을 만들어가는 과정에서 계급은 필수적이고 소위 말하는 '짱'이 결정되어야 비로소 학급의 평화가 찾아오게 되는 것이다. 이런 분위기에서 다름을 추구한다는 것은 소위 말하는 '왕따'를 의미한다.

우리나라는 오래전부터 단일민족임을 자랑스럽게 여기며 집단문화의 단결성을 미덕으로 생각해왔다. 많은 외침과 분쟁들을 경험하고 분단이라는 특수한 현실속에서 집단의 단결과 민첩성이 무엇보다도 중시되었고 이로 인해 군사문화의 엄격한 계급주의가 파생되었다. 그리고 이것이 사회 대부분의 조직문화에 영향을 미치게되는 것은 오히려 자연스러운 현상이다.

물론 더불어 살아가는 집단 공동체의식은 매우 중요한 덕목이다. 문제는 공동체 의식을 추구하는 과정이다. 역사적으로 많은 외침을 받아오면서 우리는 일사분란한 방어태세 능력을 키워왔다. 무엇보다도 비상사태를 대비하여 하나의 구심점을 중심으로 뭉치는 뛰어난 능력을 보여주었다. 가깝게는 지난 IMF 외환위기 때에 보여주었던 국민들의 참여와 진심 어린 열정으로 전 세계인들을 놀라게 했고 이러한 열정이 IMF시기를 전례 없이 빠른 시기 안에 극복할 수 있었다. 또한 2002년 월드컵 4강 신화를 이루는 과정에서 전 국민이 하나가 되어 열광하고 응원하는 것은 세계 어느 나라에서도 보기 어려운 광경을 연출하였다.

하지만 이렇게 공동체 의식을 강조하는 이면에 개개인의 다양성을 인정하는 미덕은 점점 조용히 무시되어 가고 있다. 어느 집단 속에서 – 그것이 학교든 회사든 가정이든 간에 - 약간이라도 다른 행동, 의식, 생김새를 가지게 되면 그것은 곧 왕따 또는 개인주의로 취급을 받는다. 그러니 '다름'을 인정하고 수용하는 것은 아직도 먼 이야기처럼 들리게 된다.

필자는 직업 특성상 이제까지 많은 외국인들과 일을 해야 했고 다양한 국적, 문화, 종교, 인종의 친구들과 교류해 왔다. 그러면서 그 친구들이 얼마나 다양성을 인정하고 포용의 문화 속에서 자연스럽게 어울리는지를 많이 보아왔다. 그러나 다른 한편으로 그 친구들이 사업차 우리나라에 여행을 와서 고객이나 파트너와의 만남을 통하여 획일화된 공동체의식이나 계급의식에 많이 놀라곤 한다.

농담이지만 필자가 외국인 친구들에게 가장 많이 듣는 말 중에 하나는 이제까지 여행했던 나라 중에서 우리나라의 여자들이 가장 예쁘다는 말을 자주 듣는다. 그 친구들이 대부분 남자이기 때문에 이성에 관심을 두는 것은 당연한 것이다. 하지만 그 다음 말이 필자의 마음을 씁쓸하게 한다. 가장 예쁘지만 모두가 똑같이 보인다는 말을 한다. 어찌보면 모두 예쁘다로 해석될 수 있지만 한편으로는 개성이 없고 획일화되고 인공적인 아름다움 만을 추구한다는 것을 의미한다.

우리가 다양성을 본질적으로 이해하기 위하여 주목해야 할 진리는 인간 자체이다. 멀리에서 찾을 이유가 없다. 즉 사람은 누구나 다 다르다. 외모만 해도 이 세상 사람의 생김새는 모두 다르다. 심지어 쌍둥이 마저 조금이라도 다른 점이 있도록 신은 만들었다. 하물며 내적인 면은 전혀 같을 수가 없다.

신우인 목사님의 저서 '기도의 정석'에서 하나님의 창조법칙을 얘기하면서 다음을 얘기했다. '하나님께서는 우리 한 사람 한 사람에게 다른 개성과 성품을 주셨습니다. 똑같은 사람은 아무도 없습니다. 그렇게 하신 데는 분명한 이유가 있습니다. 각자의 개성을 살려 조화를 이루고 서로 도우며 살라는 뜻입니다.'

예전에 철학교수였다가 지금은 농사꾼으로 공동체를 만들어 대안교육에 앞장서고 청소년을 위한 다양한 저술활동을 하고 계시는 윤구병 전교수님은 그의 저서 '꼭 같은 것보다 다 다른 것이 더 좋아'에서 인간의 다양성을 이렇게 말했다. '우리 인간은 생명체이기 때문에 얼굴 생김은 물론이고 몸매나 신체 기능부터 좋아하는 것, 먹고 싶은 것, 하고 싶은 것, 하기 싫은 것이 저마다 다 다르다.'

우리는 다양성 자체를 보편적인 진리로써 받아들이고 존중 받아야 한다. 하지만 현실은 어떠한가? 다시 윤 전교수님의 말씀을 빌자면 '우리는 초등학교에서 고등학교까지 꼭 같은 책상과 꼭 같은 의자에 앉아 꼭 같은 칠판에 쓰여진 꼭 같은 내용을 모두가 꼭 같은 공책에 적어 꼭 같이 공부하고 꼭 같은 시험문제로 꼭 같이 평가 받았다. 틀린 답은 얼마든지 있지만 맞는 답은 꼭 같이 하나밖에 없다고 배우고 거기에 의심을 품거나 따르지 않은 학생에게는 열등생 낙인을 찍어 사람 대접을 하지 않았다.'

그러니 모두가 싸워 이겨야 할 경쟁상대로 보이고 여기서 살아남은 자들, 즉 일부 우등생들은 자기의 이득만을 챙기기에 급급하며 제대로 된 인간관계를 가질 수 없는 것이다. 우리가 가장 우선적으로 시급하게 다양성을 고려하고 그 기본을 적용해야 할 곳이 바로 교육 현장이다. 인간은 근본적으로 사회적 생명체이기 때문이다. 일상 생활에서 필수적으로 매일 먹는 음식들, 계절마다 갈아입는 옷들, 우리가 쉴 수 있는 집 등, 이 모든 것은 다른 사람들이 나에게 베풀어야만 누릴 수 있는 것이지 혼자서는 누릴 수 없다. 그리하여 서로 다른 사람들이 서로 다른 것들을 소통하면서 조화롭게 더불어 사는 것을 배우는 것이 교육 현장에서 매우 중요한 목표가 되어야 한다. 그러나 지금의 교육 현장은 왜곡된 역사를 바로잡는다는 명분하에 역사교과서를 국정화하는 등 이와는 정반대로 동질화되는 방향만으로 가고 있어 심히 걱정이 된다.

다양성에 관하여 우리의 현 주소를 보여주는 또 하나의 최근 사례가 아직도 갈 길이 먼 우리의 사회적 현실을 보여준다. 얼마 전에 모 케이블 방송사의 프로그램에 참여한 만13세의 황 모 군의 이야기이다. 한국인 아버지와 국적이 가나인인 어머니 사이에서 태어난 황모 군은 검은 피부와 짙은 곱슬머리를 지녔지만 한국에서 태어났고 모국어가 한국어인 한국인이다. 불행히도 2008년에 어머니가 병으로 세상을 떠나고 이후에 아버지마저 스스로 목숨을 끊어 누나와 동생을 둔 만 13세의 고아 남매가 되었다.

하지만 그에게는 고아 상황보다도 더 걱정스러운 것이 있다. 그것은 앞으로 헤쳐나가야 할 사회적 차별이었다. 그는 어릴 때부터 놀림의 중심이 되었고 성인이 되어가는 과정에서도 현실은 우리와의 다른 피부색이나 생김새를 쉽게 수용하지 않는다는 것을 확신하고 있었다. 특히 프로그램에서 황모 군이 밝힌 에피소드는 더욱 슬프게 한다. 지하철에서 한 아이가 엄마에게 스리랑카에서 온 선생님을 보고 '왜 저 아저씨는 까매?'라고 물었는데 엄마의 대답은 '세수를 안해서 그런 거야'라고 대답했단다.

앞으로 그 아이는 자라면서 자기와 다른 피부색의 사람, 좀더 정확히 말하면 자기보다 더 짙은 피부를 가진 사람을 보면 엄마의 말을 기억할 것이고 이러한 왜곡된 시각이 성인이 되어서도 무의식적으로 자기와는 다른 사람에 대한 부정적인 편견을 가지게 될 확률이 높을 것이다.

이러한 사례는 우리 성인들의 다양성 인식이 사회적으로 얼마나 중요한지를 보여주지만 현실적으로 다양성 인식은 쉽게 만들어지지 않고 사회적인 공감대와 교육을 통해서만이 생길 수 있을 것이다. 다행히도 프로그램에 참여한 일부 정치인들이 '다문화인 차별금지법'을 입안하기로 약속한 것은 그래도 적지 않은 수확으로 보인다. 꼭 그 약속이 이루어지기를 바랄 뿐이다.

앞의 사례들을 통하여 우리나라의 교육과 사회 현장이 동질성을 강조하면서 편협한 흑백논리의 장이 지속될까 두려움이 먼저 앞선다. 세상을 오로지 옳고 그름의 두 가지 패러다임으로만으로 인식하고 판단하는 것은 21세기를 살아가는 사람들에게는 불행한 일이다. 특히 리더의 역할을 담당하는 경제인이나 정치인들 처럼 향후 기업이나 나라의 운명이 달려있는 경우는 더더욱 그렇다.

다양성에 관한 한, 우리나라의 현실을 생각하면 우선적으로 사회적이고 교육적인 측면으로 먼저 접근해야 한다. 그러나 필자는 이 분야의 전문가가 아니어서 다양성을 적용하고 해법을 제시하는 것은 불가능하다. 다만 오래 전부터 다양성의 주제가 기업 경영과 정책의 측면에서도 역할을 해왔다는 것에 주목했다. 미국이나 유럽에서는 이미 다양성이 인사조직이나 마케팅 등처럼 경영학에서 한 주류를 이루어왔다.

실제 경영 현장에서도 기업들이 '최고 다양성 책임자(CDO, Chief Diversity Officer)'의 자리를 두고 다양성을 기업의 인사나 전략에 적용해오고 있다는 것을 아는 사람도 별로 없는 것 같다. 월스트리트저널 보고서에 따르면, 2005년에는 포춘지 500개 기업 중에서 최고 다양성 책임자를 두거나 유사 역할을 하는 임원을 둔 기업이 20%에 미치지 않았다. 그러나 불과 5년 후인 2010년에는 그 비율이 60%로 크게 올랐다〈그림 1〉. 그리고 대부분의 최고 다양성 책임자는 최고 경영진 임원 중 한 사람으로서 기업의 전략적인 목표나 의사결정에 적극적으로 참여하고 있다. 아래 〈그림 2〉은 일부 사례 기업의 최고 다양성 책임자들 목록이다.

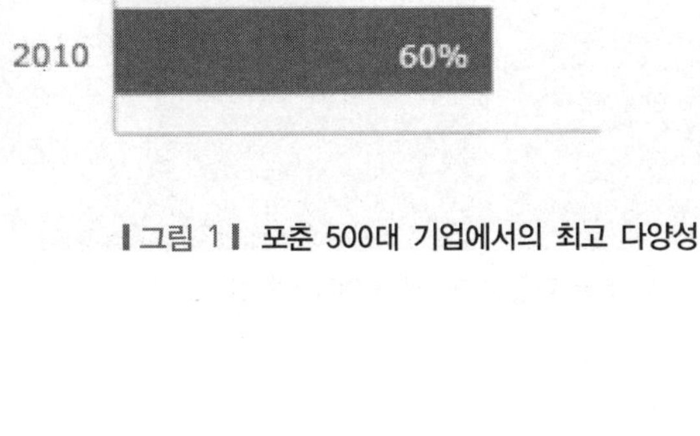

| 그림 1 | 포춘 500대 기업에서의 최고 다양성 책임자(CDO)

CHIEF DIVERSITY OFFICERS

Tara Amaral
Chief Diversity Officer & VP of Talent Acquisition
Automatic Data Processing Inc. (ADP)

Rohini Anand Ph.D.
SVP, Global Chief Diversity Officer
Sodexo Inc.

Raymond J. Arroyo
VP & Chief Diversity Officer
Aetna Inc.

Terrian Barnes
Chief Diversity and Inclusion Officer
Yum! Brands Inc.

Candice Barnhardt
VP & Chief Diversity Officer
Nationwide Mutual Insurance Co.

Subha V. Barry
SVP, Chief Diversity Officer
Freddie Mac

Hayward L. Bell
Chief Diversity Officer
Raytheon Co.

Cindy Brinkley
SVP, Talent Development & Chief Diversity Officer
AT&T Inc.

Raymond J. Arroyo
VP & Chief Diversity Officer
Aetna Inc.
People of color are 31% of Aetna's almost 35,000 employees. They hold 15% of management/supervisory positions and are 12% of its senior leaders.

Carolynn Brooks
VP & Chief Diversity Officer
OfficeMax Inc.

Steve Bucherati
Chief Diversity Officer
The Coca-Cola Co.

Anthony P. Carter
VP, Global Diversity and Inclusion & Chief Diversity Officer
Johnson & Johnson

David L. Casey
VP, Workforce Strategies & Chief Diversity Officer
CVS Caremark Corp.

Jennifer Christie
Chief Diversity Officer & VP of Global Executive Recruitment
American Express Co.

Linda W. Clement-Holmes
Chief Diversity Officer & SVP, Global Business Services
Procter & Gamble Co.

Deborah Dagit
VP & Chief Diversity Officer
Merck & Co. Inc.

Desirée Dancy
Chief Diversity Officer & VP, Corporate Human Resources
The New York Times Co.

Ralph de Chabert
Chief Diversity Officer
Brown-Forman Corp.

Lynne DiStasio
VP & Chief Diversity Officer
MetLife

Ana Duarte McCarthy
Chief Diversity Officer
Citigroup

Emilio Egea
VP, Human Resources & Chief Diversity Officer
Prudential Financial Inc.

Deborah Elam
VP & Chief Diversity Officer
General Electric Co.

Michael Escobar
VP & Chief Diversity Officer
Allstate Insurance Co.

Linda D. Forte
SVP of Business Affairs & Chief Diversity Officer
Comerica Inc.

Edward N. Gadsden
Chief Diversity Officer
Pfizer Inc.

Heide Gardner
SVP & Chief Diversity and Inclusion Officer
Interpublic Group of Cos. Inc.

Ruth Ann M. Gillis
EVP & Chief Administrative and Diversity Officer
Exelon Corp.

Jacqueline Glenn
Chief Diversity Officer
EMC Corp.

Tracey Gray-Walker
SVP & Chief Diversity Officer
AXA Equitable Life Insurance Co.

Allison Green
SVP & Chief Diversity Officer
Lincoln Financial Group ▸

Candice Barnhardt
VP & Chief Diversity Officer
Nationwide Mutual Insurance Co.
Nationwide sponsored the Catalyst study *Making Mentoring Work*, underscoring the importance of mentoring programs in corporate America, especially for women and people of color.

Patricia J. Crawford
SVP & Head of Diversity and Inclusion
Wells Fargo & Co.
Wells Fargo has 275,000 diverse team members across business lines and geographies, with women representing 60% of all team members and minorities comprising 34%.

I 그림 2 I 최고 다양성 책임자(CDO) [계속]

Donna Griffin
SVP & Chief Diversity Officer
The Chubb Corp.

Susan Hamilton
Assistant VP of Diversity & Chief Diversity Officer
CSX Corp. Inc.

Phil Harlow
Chief Diversity and Industrial Relations Officer
Xerox Corp.

Patricia S. Harris
Global Chief Diversity Officer
McDonald's Corp.

Shaun Hawkins
Chief Diversity Officer
Lilly

Effenus Henderson
Chief Diversity Officer
Weyerhaeuser Co.

Michele Holton
Chief Diversity Officer
Monsanto Co.

Rosalind Hudnell
Chief Diversity Officer and Director, Education & External Relations
Intel Corp.

Phyllis James
EVP, Special Counsel-Litigation & Chief Diversity Officer
MGM Resorts International

Linda Jimenez
Chief Diversity Officer & Staff VP, Diversity and Inclusion
WellPoint Inc.

Donna Johnson
Chief Diversity Officer
MasterCard Worldwide

Marsha Jones
SVP & Chief Diversity Officer
The PNC Financial Services Group Inc.

Fred Keeton
VP, Finance and External Affairs & Chief Diversity Officer
Caesars Entertainment Corp.

Kathryn Komsa
VP, Diversity and Inclusion & Chief Diversity Officer
Marsh & McLennan Cos. Inc.

Denice Kronau
Chief Diversity Officer
Siemens Corp.

Lance Lavergne
VP & Chief Diversity Officer
New York Life Insurance Co.

Deborah Elam
VP & Chief Diversity Officer
General Electric Co.
GE's supplier diversity program includes sponsorship of the Tuck Minority Business Enterprise Program and the Extra Step Award for employee utilization of disadvantaged and women-owned businesses.

Grace Figueredo
VP, Diversity and Inclusion
Hartford Financial Services
The Hartford supports Asian Pacific Professional Network; Black Insurance Professional Network; Gay, Lesbian, Bisexual and Transgendered Organization Benefiting Everyone; Hispanic Latino Network; and Professional Women's Network.

Michael C. Ford
VP, Global Diversity and Inclusion
Hilton Worldwide
The Hilton Family of Hotels provides proprietary diversity training programs at all levels of hotel operations, and close to half of its management positions are filled by minorities and women.

Paula Madison
EVP & Chief Diversity Officer
NBCUniversal

Victoria Martin
Chief Diversity Officer
Chartis International LLC

Augustin Melendez
Chief Diversity Officer
Eastman Kodak Co.

Brenda Mullins
Second VP of Human Resources & Chief Diversity Officer
AFLAC Inc.

Marilyn Nagel
Chief Diversity Officer
Cisco Systems Inc.

Dian Ogilvie
Chief Diversity Officer Toyota Motor North America Inc.

Sharon Orlopp
Chief Diversity Officer
Wal-Mart Stores Inc.

Stephen J. Pemberton
Divisional VP & Chief Diversity Officer
Walgreen Co.

Paul Richardson
SVP, Human Resources at ESPN/Chief Diversity Officer
The Walt Disney Co.

Jennifer Rickard
Chief Diversity Officer
Hewlett-Packard Co. (HP)

Angela Roseboro
SVP & Chief Diversity Officer
Jones Lang LaSalle Inc.

Carly Sanchez
Global Head, Talent Acquisition & Chief Diversity Officer
American International Group Inc. (AIG)

▌그림 2▐ 최고 다양성 책임자(CDO)

그러나 한국 기업들에게는 '최고 다양성 책임자'란 타이틀 자체가 생소하다. 그 만큼 우리에게는 다양성이라는 용어가 생소하고 역사적으로 단일민족이나 유교사상, 군사집단문화와 같은 동질화에 익숙한 배경을 갖고 있기 때문에 다양성에 선뜻 다가가기란 쉽지 않다.

우리나라는 최근 이십여 년 동안 기업 내 블루칼라를 중심으로 외국인들이 급격히 늘어나면서 다문화에 대한 인식과 포용의 문제, 동반성장과 상생경영 문제가 크게 대두하고 있다. 이것이 바로 다양성의 문제이고 이제는 전략적으로 관리해야할 시급한 과제가 된 것이다.

글로벌 시장에서 후발주자로 시작한 한국 기업들은 많은 불리한 여건에도 불구하고 지난 반세기 동안 여러 산업을 중심으로 큰 성과를 보이며 두각을 나타냈다. 그것은 경제성장 위주의 국가정책, 민족의 문화적 기반을 통한 집중화된 기업문화와 일사불란한 조직력과 효율성 등이 토대가 되어 이룬 성과라고 볼 수 있다.

하지만 오늘날 글로벌 시장에서의 성장과 경쟁우위를 유지하기 위해서는 지금까지와는 다른 성장전략을 모색해야 할 시점이다. 특히 최근에 한국 기업이 직면한 대중소기업간의 동반성장, 외국인 직원과의 문화적 융합, 비정규직 보호 등의 문제는 지금까지의 전략과는 다른 보다 다양한 문화와 시각, 조직구성, 전략적 접근이 기반이 되어야만 실행이 가능하다고 볼 수 있다.

특히 IT를 기반으로 한 지식사회와 소셜 네트워크, 글로벌화는 많은 산업의 패러다임과 가치사슬의 변화를 가져오게 되었다. 기업의 가치를 창출함에 있어 그 핵심이 임,직원 각 개인의 다양한 역량과 이와 동반되는 다양한 이해관계자들과의 협력을 통한 혁신과 효율성의 확보가 매우 중요하게 되었다.

이러한 기업의 다양성 추구 전략이 한편으로는 비효율성, 비용증가 등을 초래할 수 있다는 것이 기존의 관점이었다. 하지만 오늘날과 같이 한치 앞을 보기어려운 하이퍼 경쟁 시대에는 이러한 구식의 사고는 탈피해야하고 다양성을 새로운 경쟁우위의 수단으로 변화시킬 때 기업들의 적극적인 전략적 대응을 이끌어 낼 수 있을 것이다.

오늘날의 기업 경영에서 다양성 관리(Diversity Management)의 문제는 단순한 의무 규정 준수의 수준을 넘어 이제는 기업의 전략적 차원으로 접근하고 있다. 그러나 그 바탕에는 오래 전부터 사회적인 문제가 되어왔던 다양한 인종, 성 등 계층 간의 차별을 해소하기 위하여 시행되었던 정책들로부터 시작하였다.

미국은 인종차별로 인한 불평등 고용이 문제가 되었다. 그래서 1964년 시민권 조치(Civil Rights Act)를 시작으로 적극적 조치(Affirmative Action)를 공식적으로 시행하였다. 사실상 미국은 노예해방 이후 1870년에 15번째 헌법개정(Fifteenth Amendment)으로 인한 평등 투표권이 주어지면서부터 다양성의 기초를 만들기 시작하였다(Castleberry-Singleton, 2009; Delong, 2007).

유럽에서는 1958년에 EC(European Council)조약을 발효함으로 EU 국가들을 중심으로 긍정적 조치(Positive Action)를 시행해왔다. EC 조약의 핵심은 성 차별없는 평등고용이었다. 그리고 이후에 유럽사법재판소(European Court of Justices)가 판결례들을 통하여 통일적인 원칙을 수립 했다(채형복, 2007).

우리나라는 오랫동안 하나의 민족적 뿌리와 동양 종교사상하에 수많은 일련의 사건들을 통하여 집단 문화와 인간관계를 중요시하는 사회적, 정치적인 배경을 갖고 있다. 20세기에 들어와서는 근대화와 산업화를 거치면서 비록 대다수가 저임금의 단순 노동위주이지만 여성의 사회적 참여가 서서히 나타나게 되었고 20세기 후반에는 성 차별에 대한 것이 사회적인 문제로 대두되어 다양한 정책적인 대안을 모색하게 되었다. 그리하여 1987년에 남녀고용평등법을 제정하고 2006년부터 적극적 고용개선제도를 시행하기에 이른다.

또한 다양성의 측면에서 역사적으로 단일 인종으로 구성되었던 한국 사회는 현저한 인종적인 갈등이나 불화를 경험하지는 않았다. 그러나 20세기 후반으로 들어와서 저 출산으로 인구 증가율이 감소하고 고령화와 고학력화로 인하여 생산직 업종의 인력난이 사회문제로 나타나게 되었다. 그리하여 정부는 산업연수생 제도를 도입하고 외국인 근로자들을 공식적으로 허가했지만 이 후에 외국인 근로자의 인권문제가 생기게되어 인권보호를 법률화하는 외국인 고용허가제를 2004년부터 시행하였다(고준기, 2005; 조성환, 2007).

한편 장애인의 인권보호와 고용차별을 해결하기 위하여 정부는 기존의 직업안정법을 개정하여 1990년 장애인고용촉진 등에 관한 법률을 제정하였다(권경득, 김동원, 김영미, 나운환, 2005). 이처럼 우리나라의 다양성 문제는 미국이나 유럽에 비해 시차는 있지만 소수그룹의 평등과 인권 문제에서 시작되었고 정책적으로 대응했다 점에서는 매우 비슷하다.

다시 기업의 측면으로 돌아와서, 기업의 다양성 관리는 적극적 조치와 같은 국가정책이 배경이 된 차별철폐 전략(Non-discrimination Strategy)이 그 시초였고 그것은 규제 중심이었다. 하지만 그 이후, 규제에 의한 피로감과 인구통계학적인 다양성 그룹의 확대, 개방적인 의사소통의 문제 등이 나타나 점점 정체되기 시작하였다.

한편 일부 글로벌 기업들이 중심이 되어, 다양성 관리를 단순한 평등보장과 차별철폐를 넘어 무한경쟁의 글로벌 환경에서 생존하고 발전하기 위한 하나의 중요한 전략적인 요소로 보게 되었다. 또한 인종, 국적, 성, 장애여부, LGBT(Lesbian, Gay, Bisexual and Transgender)등과 같은 인구통계학적인 사회적 변화가 지속적으로 확산되면서 기업들은 다양한 인력 구성의 필요성을 인식하고 각각의 다양한 경험과 배경을 바탕으로 기존의 획일화된 전략에서 벗어나 창의적인 문화를 만들고자 노력하게 되었다(Bechtoldt, M. N., De Dreu, C.K.W., & Nijstad, B. A., 2007; Karma & Vedina, 2009; Stahl, Maznevski, Voigt, & Jonsen, 2009).

그리하여 21세기에 들어서면서 많은 글로벌 기업들이 글로벌 시장에서의 성장과 경쟁우위를 유지하기 위하여, CEO와 최고 경영진이 중심이 되어 다양성과 포용(Inclusion)의 문제를 기업의 핵심가치로 여기게 되었다(Pegues, 2009). 그리하여 다양성 전략이 기존의 차별철폐 전략에서 통합된 포용(Integrated Inclusion)으로 전략적인 전환이 일어나고 있다. 이것이 바로 다양성 통합 전략(Integrated inclusion Strategy)이고 그것은 기업 내 모든 사업부의 전략에 다양성을 포함하여 기업 DNA의 하나로 형성하는 것을 의미한다.

반면 한국의 기업들은 다양성 관리의 측면에서 여전히 차별철폐 정책에 대응하는 소극적 대응, 즉 외부적 압력에 어쩔 수 없이 반응하는 수동적인 수준이다. 다시 말하면, 경쟁력 확보를 위해 주체적으로 다양성을 활용하고자 하는 능동적 측면인 적극적 대응, 즉 통합된 포용으로 확산되지 못하고 있는 실정이다(성상현, 2006). 그러나 최근에 여러 글로벌 기업들이 전사적으로 전략적 다양성 관리(Strategic Diversity Management)를 한국 시장에도 적용하고 있는 점과 한국의 일부 대기업을 중심으로 지속가능경영의 실천 과제로 다양성 관리를 시도하고 있다는 점은 고무적이라 할만하다.

그러나 문제는 현상에 대한 깊이 있는 통찰과 이론적 기반을 통한 구체적인 다양성 전략이 제시되지 못하고 있다는 점이다. 따라서 기업의 전략적 다양성 관리의 여러가지 이론적 배경을 토대로 국가정책과 그 기반이 되는 차별철폐 전략을 먼저 살펴보아야 한다. 그리고 이후에 통합된 포용으로 전환되면서 새로운 전략적 다양성 관리 모델인 다양성 통합 전략의 전략적 요인과 기업 성과와의 관계 등을 심도 있게 생각해볼 필요가 있다.

그리하여 이 책에서 제시한 다양성의 이론적 배경과 전략적 고찰이 우리 기업의 경쟁력을 강화하고 협력과 성과를 도출하는 선진기업의 전략이 될 수 있다는 공감대를 형성하는데 적으나마 기여하기를 바란다. 그리고 치열해지는 글로벌 경쟁 환경과 산업 내 상생협력, 조직 내 다문화 등의 다양한 불확실성에 직면한 한국 기업들이 이러한 환경을 오히려 경쟁우위 창출과 혁신을 도출할 수 있는 적극적인 다양성 관리 전략으로 전환해 보는 기회가 될 것이다.

II 다양성의 정의

2.1 다양성 관리의 정의

많은 학자들과 연구자들은 다양성의 문제를 각기 다른 관심 분야에 따라 서로 다른 접근방식으로 연구해왔다. 그러나 기업 경영의 측면에서 일반적인 개념으로 다양성 관리는 사람의 다양성이 갖는 잠재적 장점을 극대화하고 단점을 극소화할 수 있게 조직의 시스템과 실천양식을 세워 수행하는 것을 의미한다(Cox, 1993; 임희정, 2010).

그리고 다양성이 주는 차이를 인정하고 존중하면서 가치를 활용하는 기업 조직의 노력으로 볼 수 있다. 이것은 결국 다문화적 특성을 가진 인력들을 조직문화 속으로 포용할 수 있는 정책으로 나타나야 한다. 그리하여 인력들의 다양한 시각과 경험들이 내재화되어 기업의 주요 업무 활동에 반영되면서 지속적으로 학습, 성장하는 활동으로도 정의할 수 있다(Thomas & Ely, 1996; Cox & Blake, 1991; 임희정, 2010).

아직까지 다양성 관리의 주제는 대부분 인구통계학적인 관점, 즉 성, 인종, 세대, 민족 등에 초점을 맞추어 연구를 진행해왔다. 사실상 인구통계학적인 시각은 다양성 관리의 기본이면서도 가장 탐색하기도 쉽다(Karma & Vedina, 2009). 그러나 다양성을 기업의 효율성 증대와 경쟁력 강화의 수단으로 받아들이기 위해서는 인구통계학적인 관점을 넘어서 전문성이나 교육적 배경, 라이프스타일, 종교, 문화 등 모든 차이를 정의하는 광범위한 의미로 접근해야 한다

(Thomas, 1992; 성상현, 2006).

최근에는 인구통계학적 다양성을 포함하여 정신적 능력, 태도, 가치 등을 포괄하는 문화적 다양성(Cultural Diversity)과 같은 연구도 활발히 이루어지고 있다(McMillan-Capehart, 2005). Stahl 박사팀은 문화적 다양성을 표면수준(Surface level)과 가치수준(Deep level)으로 분류하여 표면수준은 주로 인구통계학적 다양성으로 가치수준은 주로 조직원의 내면적 다양성, 즉 가치, 태도, 신념 등으로 정의했다(2009).

한편 Jehn과 Northcraft, Neale 박사팀이 정의한 기업 조직의 다양성 관리가 가장 보편적이라고 볼 수 있는데, 크게 세 가지 형태로 사회범주 다양성(Social Category Diversity), 정보적 다양성(Informational Diversity), 가치 다양성(Value Diversity)으로 분류하였다(1999).

또한 아래의 〈그림 3〉와 같이 세 가지의 다양성 속성을 제시하여 첫째로, 나이, 성, 인종 등과 같은 일반적인 인구통계학적 속성(Generic Demographic Attributes)과 둘째로, 교육, 전문성, 경험 등을 나타내는 배경 속성(Background Attributes), 그리고 셋째로, 사회적 정체성이나 문화적 정체성 등에 의하여 나타나는 자가범주 속성(Self-categorization)으로 나누었다.

사회범주 다양성은 구성원간의 사회적인 차이를 나타내는 것으로 상기의 세 가지 속성이 모두 해당되는 것을 쉽게 알 수있다. 정보적 다양성은 지식이나 전문성의 기능적 다양성을 나타내고 주로 배경속성이 강하다. 예를 들어, 다양한 전문 기술과 지식을 가진 인력으로 구성된 팀이 전문성이 유사한 인력으로 구성된 팀보다 문제해결이나 혁신 능력이 우수하다는 사례들이 있는데 이것이 바로 정보적 다양성에 해당한다(Earley & Mosakowski, 2000; Rink & Ellemers, 2006).

가치 다양성은 가장 깊은 수준의 다양성으로 해당 구성원을 오랫동안 알면서 관찰해야만 파악할 수 있다(van Knippenberg, 2007). 가치 다양성은 정체성이나 신념, 가치관과 같은 자가범주 속성이 강해서 문화적 다양성과 같은 차원 높

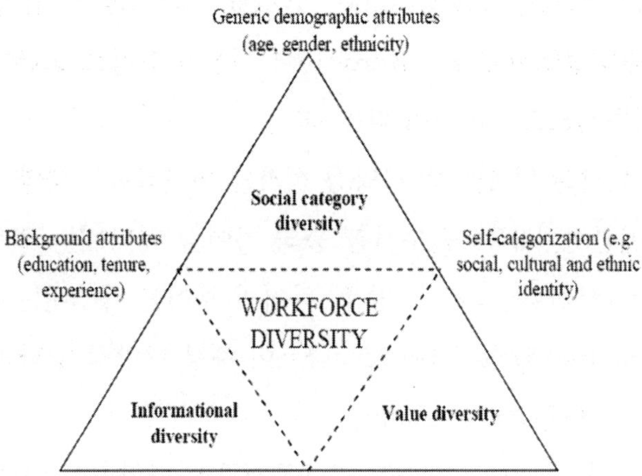

▎그림 3▎ 조직 다양성의 기본 구조

은 다양성에 해당된다.

Hamdani와 Buckley 박사팀은 상기의 Jehn 박사팀과 유사하지만 다양성을 성, 나이, 인종 등의 차이에 해당하는 인구통계학적 다양성(Demographic Diversity), 교육이나 전문성에 관련한 업무관련 다양성(Task-related Diversity) 그리고 개성, 가치, 조직의 미션에 대한 이해 등의 차이를 나타내는 가치특성 다양성(Trait and value Diversity)과 같이 크게 3가지로 분류하였다(2011).

이와같이 다양성 관리를 거시적으로 분류하고 학자들 각각의 관심에 따라 정의하지만 공통적으로 공감하는 것이 있다. 그것은 인구통계학적 다양성이 다양성의 기본이면서 사회적, 법적, 정치적인 사안으로 인하여 매우 중요하게 다루어지고 있다는 점이다.

한편 어떤 학자들은 범위를 좁혀, 일부 전문적인 조직이나 특수조직의 다양성 관리 연구에서 인구통계학적인 다양성의 일부 속성이나 특정한 전문성 또는 교육적, 문화적 배경의 다양성을 선택하여 집중 연구를 하였다. 예를 들어, Dahlin과 Weingart, Hinds 교수팀은 다양성 관리와 성과에 관한 연구를 하면서 조직원의 교육적인 배경 다양성(Educational Diversity)과 그들의 민족적 뿌리의 차이, 즉 민족적 다양성(National Diversity)이 서로간의 정보 교류에 어떤 영향을 주는지 등을 실증적으로 연구하였다(2005).

Joshi와 Roh 박사는 팀 단위의 다양성 성과를 연구하면서 다양성을 두 가지로 구분하였는데 전문성, 교육, 근무기간 등의 차이를 나타내는 업무중심 다양성(Task-oriented Diversity)과 성, 인종, 나이의 차이를 나타내는 관계중심 다양성(Relation-oriented Diversity)으로 나누어 해당 다양성이 팀의 성과에 어떻게 영향을 주는지 연구하였다(2009).

한편 Chatman과 Spataro 박사는 인구통계학적 다양성이 어떻게 조직 내의 협력에 영향을 주는지와 또한 조직의 문화적 특성에 따라 협력관계가 어떻게 달라지는지를 연구하면서 인구통계학적 다양성과 조직문화의 관계를 확인해보고자 하였다(2005).

이상과 같이 주로 기업의 다양성 관리는 연구목적과 배경, 조건 등에 따라 서로 다르게 다양성을 정의하고 연구를 진행해 왔는데 주요 내용을 정리하면 아래의 〈표 1〉과 같이 요약할 수 있다.

| 표 1 | 다양성 관리의 정의

다양성 속성	다양성 정의	저자
인구통계학적	* 다양성관리의 기본이자 가장 탐색이 쉬운 주제	Chatman & Spataro(2005), Karma & Vedina(2009)
교육, 배경, 문화 등 모든 차이를 나타내는 속성 들	* 인구통계학적 관점을 넘어서 나이, 조직 근속, 교육적 배경이나 라이프스타일, 종교, 문화 등 모든 차이를 정의하는 광범위한 의미	Thomas(1992), 성상현(2006)
문화적 속성	* 문화적 다양성: 인구통계학적 다양성을 포함하여 정신적 능력, 태도, 가치 등까지 포괄 -표면수준: 인구통계학적 다양성	McMillan-Capehart(2005), Stahl et al.(2009)

다양성 속성	다양성 정의	저자
	-가치수준: 내면적 다양성, 즉 가치, 태도, 신념	
인구통계학적 (Generic Demographic), 배경(Background), 자가범주(Self-categorization) 속성	* 사회범주 다양성: 구성원간의 사회적인 차이, 세 가지 속성을 모두 포함. * 정보적 다양성: 지식이나 전문성의 기능적 다양성을 나타내고 주로 배경속성이 강함. * 가치 다양성: 가장 깊은 수준의 다양성, 오랜 관찰로 파악 가능, 정체성과 같은 자가범주 속성이 강해서 문화적 다양성과 같은 차원 높은 다양성이 해당	Jehn et al.(1999), Earley & Mosakowski(2000), Rink & Ellemers(2006), van Knippenberg(2007)
인구통계학적, 전문성, 개성, 가치 등의 속성	* 인구통계학적 다양성 * 업무관련 다양성(Task-related Diversity): 교육이나 전문성 등 * 가치특성 다양성(Trait and value Diversity): 개성, 가치, 조직의 미션에 대한 이해 등의 차이	Hamdani & Buckley(2011)
특정 전문적인 다양성 속성 들	* 교육적 다양성(Educational Diversity) * 민족적 다양성(National Diversity)	Dahlin et al.(2005)
인구통계학적, 업무관련 속성 등	* 업무중심다양성(Task-oriented Diversity): 전문성, 교육, 근무기간 등의 차이 * 관계중심다양성(Relation-oriented Diversity): 성, 인종, 나이의 차이	Joshi & Roh(2009)

한편 다양성의 정의와 속성에 관한 내용들을 종합하여 다양성 관리의 수준적인 측면으로 세 가지로 분류하면서 이것을 '수준적 접근'으로 정의한다. 즉, 가치적 다양성(Value Diversity)은 신념이나 정체성, 문화적 특성 등에 해당하는 가장 높은 수준의 다양성으로 분류되고, 정보적 다양성(Informational Diversity)

은 전문성이나 교육 배경 등 업무에 밀접한 속성으로 중간수준의 다양성으로 분류할 수 있다. 한편 인구통계학적 다양성(Demographic Diversity)은 다양성 연구에서 비록 가장 낮은 수준이지만 그 속성들이 가치적 다양성이나 정보적 다양성과 같이 높은 수준의 다양성 연구의 기반이 된다. 다양성 관리 이론의 수준적 접근을 요약하면 아래 〈표 2〉와 같다.

| 표 2 | 다양성 관리의 수준적 접근

분 류	수 준	속 성	탐색 가능성	해당 다양성들
가치적	높음	정체성, 문화, 신념 등	어려움	가치적 다양성, 가치특성 다양성, 문화적 다양성 등
정보적	중간	전문성, 교육배경, 근무기간 등	비교적 쉬움	정보적 다양성, 기능적다양성, 업무관련 다양성, 업무중심 다양성, 교육다양성 등
인구통계학적	낮음	성, 나이, 인종, 종교, 장애인 등	쉬움	인구통계학적 다양성, 관계중심 다양성, 민족 다양성 등

2.2 차별철폐 전략과 다양성 통합 전략

다양성 관리를 정의함에 있어 역사적인 배경을 살펴보는 것이 이론적으로나 기업 전략의 측면에서 매우 중요하면서 의미있는 일이다. 일반적인 정론으로는 다양성 관리의 근원이 미국의 적극적 조치이고 인구통계학적 차원의 차별철폐를 위한 규제에서부터 시작했다는 것이다. 그리고 시간이 흐르면서 인구통계학적인 프로파일이 더 다양하고 복잡해지게 변하게 되었다. 즉 기존의 인종, 성, 나이, 장애인 정도의 속성에서 최근에는 종교나 LGBT까지 확대되어 다양성 관리가 기업 내 조직뿐 아니라 기업이 활동하는 고객, 시장 등의 가치사슬에까지 영향을 미치게 된다. 이와같이 인구통계학적 다양성이 기업의 다양성 전략 수립에 중요한 요소가 되어 왔다(Castleberry-Singleton, 2009). 적극적 조치에서 비롯된 차별철폐와 규제가 근간이 되어, 평등전략을 중심으로 다양성의 가치와 이질성의 존중이 기업의 가치에 긍정적인 영향을 주는 다양성 전략으로 진행되고 있다(이승계 2010).

이와 같은 전략적인 부분이 기업경영에 있어서 다양성 관리를 위한 또 다른 차원의 접근 방식이 될 수 있다. 여기에는 Ely와 Thomas 교수팀이 주장한 세 가지 다양성 관점이 근간이 된다(2001).

첫째는 차별과 공평의 관점(Discrimination-and-Fairness Perspective)이다. 이것은 기업 조직 내에서 모든 사람들이 정의에 근거하여 공평한 대우를 받아야 한다는 관점이다. 즉 기업 차원에서 특정 소수그룹에 대한 차별과 편파적인 태도를 없애고 채용이나 승진 등에서 동등한 기회를 제공하는 것을 원칙으로 한다.

둘째는 접근과 합리의 관점(Access-and-Legitimacy Perspective)이다. 이것은 기업이 속한 산업의 시장과 고객, 이해관계자들은 다양하다는 인식을 기초로 한다. 기업을 다양한 인력으로 조직화하여 다양한 시장과 고객에 접근하고 지속적인 관계를 유지하여 경쟁우위를 확보, 조직의 성과를 끌어올리는 것을 목표로 하는 것이다.

셋째는 통합과 학습의 관점(Integration-and-Learning Perspective)이다. 기업 조직 내 다양한 문화적 정체성을 가진 사람들을 가치 있는 자원으로 여기고 서로간의 차이를 존중하면서 서로의 경험을 통하여 학습을 촉진시킨다는 관점이다. 그리하여 주요업무나 시장, 제품, 전략, 비즈니스 실천원칙을 지속적으로 발전시킨다는 인식이다. 즉 통합과 학습의 관점은 다양성을 기업의 주요 업무 프로세스와 연결하여 창의적 변화를 일으키고 지속적인 학습효과의 선순환으로 이어진다는 의미이다.

상기의 세 가지 다양성 관점을 기업의 다양성 관리의 전략적 측면으로 살펴보

자. 먼저 차별과 공평의 관점은 차별철폐를 통한 정의와 평등을 보장해야 하는 가장 기본적인 다양성 요건으로 주로 정책과 제도적인 영역에서 먼저 다루어지는 부분이다. 그러나 차별과 공평의 관점은 다양성의 가치 측면으로 볼 때, 가장 낮은 단계라 할 수 있으며 기업이 최소한으로 지켜야 할 필수조건에 해당한다(Ely & Thomas, 2001; 성상현, 2006). 그리하여 다양성 전략을 수행하는 대부분 기업들은 다양성 관리의 근본을 차별철폐와 규제준수, 즉 차별철폐 전략으로부터 시작되었고 그 이론적인 배경에는 차별과 공평의 관점이 있다.

차별철폐 전략의 정책적인 기반이었던 미국의 적극적 조치는 20세기 중반에 인종차별에 대한 대응과 평등고용을 목적으로 그리고 국가 주도의 규제적 성격으로 시행되었다(이승계, 2010). 그러나 이후에 지속적으로 강화되는 규제 준수에 대한 고충과 환경적인 변화에 따른 두려움 등으로 기업들은 소극적이고 수동적인 태도로 대응하게 되었다. 그리하여 이러한 차별철폐적 다양성 전략이 기업의 전략과 목표의 가장자리에 덧붙여지는 현상, 소위 덧붙임(Bolted-on) 현상으로 나타나게 되었다.

하지만 20세기 후반부터 일부 글로벌 기업의 리더와 학자들을 중심으로 기업의 전략적 다양성 관리의 새로운 패러다임을 제시하면서 이러한 차별철폐 전략의 소극적이고 수동적인 대응을 탈피하고 글로벌 환경 하에 기업의 경쟁우위 확보와 인적 자원관리 차원으로 다양성 전략을 주장하게 되었다. 그것은 기업의 전략적 목표에 다양성의 목표가 결합되는 다양성 통합 전략(Integrated Inclusion Strategy)으로의 전환을 의미한다(Castleberry-Singleton, 2009).

여기서 다양성 통합 전략을 Ely와 Thomas교수팀이 주장한 관점에서 비교해 보면, 접근과 합리의 관점은 기업이 활동하는 시장의 접점에서 다양성을 활용하여 새로운 고객과 시장을 창출한다는 원리이다. 그리고 통합과 학습의 관점은 조직의 다양한 인력을 학습과 혁신의 자원으로 여기고 핵심 업무와 프로세스에 연결시켜 발전적 변화를 촉진한다는 원리에서 다양성 관리가 기업의 전략적 목표와 결합하는 다양성 통합 전략을 정의할 수 있다(Castleberry- Singleton,

2009).

다음 장의 IBM사례에서 자세히 다루겠지만 CEO인 Lou Gerstner가 보여준 리더십이 다양성 통합 전략의 모범적인 사례라 할 수 있다. 그는 다양성을 다문화적 시장을 이해하는 것에서 시작하여 그 속의 다양한 고객들로부터 기회를 창출하고 기업은 자체적으로 다양성을 추구해야 함을 강조했다. 그는 기존에 만연해있던 차별철폐주의적인 정책적 대응을 보다 더 발전시켜 오히려 기업 내 모든 차이를 장려하도록 유도하고 이를 통하여 창조적 배움으로 이어지게 하여 궁극적으로 다양성을 사업의 기회로 전환시키는 소위 '건설적 붕괴(Constructive Disruption)'를 실현하고자 하였다(Thomas, 2004; Thomas & Kanji, 2004).

한편 기업 조직의 다양성 관리 연구가 다양성 수준이나 전략적 접근에 따른 다양성 통합 전략으로 진화하면서 여러 학자들은 기존의 단순한 인구통계학적인 차이의 다양성 연구보다는 다양성에 대한 경영진의 몰입(Commitment)이나 조직 환경 등의 다양성 지표(Indicator)들을 강조하고 이에 관련한 연구를 진행했다(Avery, Hernandez, & Hebl, 2004; Avery, McKay, Wilson, & Tonidandel, 2007; Kim & Gelfand, 2003; Kossek & Zonia, 1993; McKay, Avery, Tonidandel, Morris, Hernandez, & Hebl, 2007; Pugh, Dietz, Brief, & Wiley, 2008; Kaplan, Wiley, & Maertz Jr, 2011).

그리하여 일부 학자들은 중요한 지표 중 하나인 다양성 환경(Diversity Climate)을 정의했는데 그것은 조직원 개개인이 다양성의 가치를 인정받고 공정한 고용과 조직생활에 통합되었다는 인식의 정도를 의미한다(Kossek & Zonia, 1993). Kaplan 박사는 실증 연구를 통하여 다양성 환경의 중요성을 강조하였다. 즉 조직의 다양성 환경이 높을수록 그리고 다양성에 대한 경영진의 몰입이 높을수록 직원들이 이직하려는 의지가 줄어든다는 결과를 보여주었다(2011).

이처럼 다양성 통합 전략과 같이 다양성을 기업의 중요한 전략적 요소로 발전시키기 위해서는 기업의 최고 경영진(Top Management Team)의 의지와 리더십

뿐 아니라 최고 경영진 자체도 다양하게 구성되어야 함을 강조해 왔다. 그것은 점점 복잡하고 다양해지는 기업의 전략들이 여러 관점에서 평가되고 효율적으로 의사결정이 내려지도록 다루어야 하기 때문이다. 물론 이에 따른 성과도 나타날 것으로 기대한다(이호욱, 박종훈, 2005; Carpenter, 2002; Priem, 1990).

그리하여 최고 경영진의 다양성(TMT Diversity) 연구 또한 활발히 진행되었는데, Barkema 박사는 기업이 최고 경영진을 다양하게 구성하면 그것이 전략적 혁신의 동력이 되어 글로벌 시장 전략과 투자에 긍정적인 영향을 준다고 했다(2007). 그리고 다양한 배경이나 풍부한 해외경험을 보유한 최고 경영진으로 구성된 기업일수록 국제적인 제휴를 더 잘 활용하는 경향이 있고 이로 인해 국제화 수준이 높아지게 된다(박종훈, 이호욱, 2004; 양영수, 박영렬, 2010). 또한 오늘날과 같이 시시각각 변하는 불확실한 글로벌 환경에 직면할수록 다양한 경력과 근속기간을 보유한 최고 경영진들이 서로 간에 활발한 교류를 하면 기업의 성과가 높아진다는 것도 연구를 통하여 밝혀졌다(이호욱, 박종훈, 2005).

한편 기업이 다양성 통합 전략으로 전환하기 위하여 다양성의 조직적 특성을 연구한 결과가 있다. Chatman과 Spataro 박사팀은 조직의 다양성과 문화가 어떻게 서로의 협력관계에 영향을 미치는지를 연구했다. 여기에서 조직의 문화가 집단 문화적 성격이 강하면 다양한 배경과 경력을 가진 직원들로 구성된 조직이 유사하게 구성된 조직보다 협력을 더 잘한다는 것을 입증하였다(2005). 이러한 차이는 다양성 조직의 직원들이 소속감이 떨어짐을 인식하고 오히려 이것을 조직의 집단 문화적 성격의 소속감에 대한 열망으로 승화하여 동기부여가 되고 있다는 것을 시사한다. 즉 집단적 문화를 강조하는 조직에서는 다양한 사람들의 구성이 협력에 더 도움이 되고 이는 긍정적인 성과로 이어질 수 있는 발판이 된다.

이상의 다양성 관리 이론을 전략적 접근으로 차별철폐 전략과 다양성 통합 전략을 중심으로 요약하면 〈표 3〉과 같다.

표 3 다양성 관리의 전략적 접근

전 략	규제 수준	성 격	내 용	결 과
차별철폐 전략 (Non-discrimination Strategy)	높음	평등화 개인적	*국가 주도의 강제적 시행 *인구통계학적 차별 해소 지향 *기업의 소극적, 수동적 대응 (규제회피)	*덧붙임(Bolted-On)현상 *규제에 대한 피로감 *변화의 두려움
다양성통합 전략 (Integrated Inclusion)	낮음	다양화 집단적	*차이를 장려하는 문화 (다양성 환경) *다양성 관리를 기업의 전략적 목표와 결합 *상황적 변수 고려 *다양한 고객과 이해관계자와의 지속적인 파트너십 유지 *기업의 자율적, 능동적 대응 (최고경영진의 몰입)	*신규 시장 창출 (성과에 긍정적) *건설적 붕괴 *창조능력 및 문제해결능력 향상

2.3 다양성 관리와 기업 성과

기업이 다양성 통합 전략을 추구하는 근본적인 목적은 어디에 있을까? 우선 내부 고객인 직원을 만족시켜 우수한 인적 자원의 잠재력을 최대한 이끌어내는 것이다. 다음으로는 다양한 고객과 파트너를 확보하여 지속적인 관계를 유지하고 확대, 개발하는 것이다. 그리고 마지막으로 이를 통하여 기업의 경쟁우위를 높이고 궁극적으로는 기업의 성과를 지속적으로 극대화하는 것이다(Delong, 2007).

많은 학자들이 오랫동안 기업 조직의 다양성과 성과와의 관계를 연구해왔지만 전반적으로 연구 결과들은 다양성과 성과의 확실한 연관성을 보여주지 못했다

(Bowers, Pharmer, & Salas, 2000; Webber & Donahue, 2001 ; "Diversity", 2008). 어떤 연구에서는 조직의 다양성이 성과에 긍정적으로 영향을 준다는 결론을 보여주었지만(Earley & Mosakowski, 2000; Mcleod, Lobel, & Cox, 1996; Thomas, Ravlin, & Wallace, 1996; Ely, 2004; Vander Vegt, Van de Vlert, & Huang, 2005; Hubbard, 2009), 다른 연구에서는 부정적인 영향을 준다고 결론을 지었다(Jehn & Mannix, 2001; Thomas, 1999; Watson, Kumar, & Michaelsen, 1993; Jehn et al., 1999; Leonardo, Levine, & Joshi, 2004).

한편 어떤 학자들은 다양성 연구 자체에서 조직의 다양성 -주로 인구통계학적 다양성-과 성과의 관계를 확실히 규명하기가 쉽지 않다는 결론을 내렸다(Kirkman, Tesluk, & Rosen, 2004; Kochan, Bezrukova, Ely, Jackson, Joshi, & Jehn, 2003; Hansen, 2003; Joshi & Roh, 2009). 그것은 다양성 관리의 성과 연구가 연구자마다 다양성 변수들을 분류하는 방식과 연구의 범위와 수준에 따라 달라지기 때문이다(Ely & Thomas, 2001).

이처럼 다양성과 성과의 관계를 직접적으로 증명하기에는 많은 어려움이 있어 일부 학자들은 중간에 다양한 매개변수를 두고 더 세밀한 다양성 연구를 시도해 보기도 했다. 예를 들어, 문화적 다양성과 성과 연구를 위하여 중간 결과들, 즉 창조성, 갈등, 의사소통, 만족도, 사회성 등에 어떤 영향을 주는지 실증해 보기도 하였다(Stahl et al., 2009).

다른 한편으로, 조직의 다양성은 상황에 따라 다른 성과를 가져올 수 있었다. Joshi와 Roh 박사팀은 먼저 조직의 다양성을 업무중심 다양성(Task-oriented Diversity)과 관계중심 다양성(Relation-oriented Diversity)으로 분류하고 네 가지 대표적인 상황을 설정하였다.

먼저 인구통계학적인 지배상황, 예를 들어 조직이 주로 백인남자들로 구성된 상황 등이고 둘째는 산업별 상황, 즉 서비스, 제조, 하이테크와 같은 산업에서의 다양성에 대한 성과를 연구하였다. 나머지는 팀 수준의 상황으로, 팀 내 조직원의 상호의존도와 장, 단기적인 목적에 따라 구성되는 팀의 형태로 분류하여 각각의 상황변수에 따른 성과를 알아보았다.

결과적으로 남자와 백인직원이 지배적인 인구통계학적 상황에서는 부정적인 성과를, 산업별 상황에서는 서비스업에서 긍정적으로 제조업에서는 약간 부정적으로 보였고 하이테크업에서는 매우 부정적인 성과를 보여주었다. 그러나 팀 수준 상황에 따라서는 중간의 상호의존도와 장기적인 팀에서 관계중심 다양성은 부정적인 성과를 보였다(2009).

다양성과 성과에 대한 기존의 연구들은 인구통계학적 다양성과 같이 쉽게 탐색 가능한 것들로만 조사되어서 깊이 있는 연구가 어려웠지만 Karma와 Vedina 박사팀은 다양성과 성과의 관계 사이에 문화적 지성(Cultural intelligence)이라는 도구를 제안함으로써 이론적인 배경을 강화하였다(2009). 문화적 지성은 '조직원이 서로의 문화의 차이를 인식하고 이에 따라 행동하는 능력'(Ang, S., Van Dyne, L., Koh, C., Ng, K. Y., Templer, K. J., Tay, C., & Chandrasekar, N. A., 2007; Brislin, R., Worthley, R., & Macnab. B., 2006)으로 정의했다. 그리고 문화적 지성에 의하여 겉으로 쉽게 드러나지 않는 문화적인 배경들이 행위, 신념, 태도 등에 영향을 주어 궁극적으로는 성과에 좋은 영향을 준다고 말했다.

이와 같이 문화적 다양성이 성과에 영향을 주는 배경에는 문화적 다양성이 조직의 창조성과 문제해결 능력에 긍정적 영향을 주기 때문이다. 그러나 한편 문화적 다양성으로 인하여 생기는 갈등, 이로 인한 이직률 증가의 문제는 풀어야 할 과제가 되었다(McMillan-Capehart, 2005).

2.4 다양성 관리를 위한 기업 전략 모델

이상으로 살펴본 바와 같이 국가는 주로 인구통계학적 다양성을 중심으로 다양한 정책으로 수행해왔고 기업의 다양성 관리에 직접적인 영향을 주었다. 비록 이러한 다양성 정책들이 초기에는 기업들의 소극적이고 수동적인 규제 회피적 대응으로 부분적인 실효성만을 거두었지만 다양성의 전략적 접근을 이해하는 일부 기업과 최고 경영진의 주도로 다양성 통합 전략을 지향하게 되었다. 또한 국가가 주도하는 다양성 정책은 지속적 발전하여 궁극적으로는 기업의 다양성 통합 전략에 필수 요소가 되었다(이승계, 2010).

결국 기업은 다양성 관리의 수준적 접근에서 기존의 인구통계학적 다양성뿐 아니라 정보적, 가치적 다양성을 확보할 수 있는 방안을 마련하고 이에 맞는 기업문화를 조성하는 방향으로 나아가야 한다. 이것이 바로 다양성 통합으로의 전략을 지향한다는 것을 의미한다. 다양성 통합 전략은 기업의 다양성 관리가 기업 내 가치사슬과 전략적 목표와 결합하는 것이다. 따라서 경영진의 적극적인 지원을 통하여 다양성을 기업 내 조직구성 및 가치사슬과 통합하도록 한다. 그리고 높은 다양성 환경을 조성하고 보다 수준 높은 다양성을 확보하기 위하여 문화적 지성을 장려해야 한다. 그리고 조직의 다양성은 상황적 변수에 따라 다른 성과를 가질 수 있기 때문에 다양성 통합 전략은 산업에 따라, 업무의 상호의존도 또는 팀의 형태에 따라 유연하게 구성될 필요가 있다.

앞서 살펴본 기업의 다양성 전략에 관한 여러 성과 연구에 의하면 기업들이 추진하는 다양성 통합 전략은 해당하는 변수들이 매우 복잡하여 직접적인 기업의 성과로 이어진다고 단언하기는 무리가 있다. 하지만 일부 연구에서 밝혔듯이 기업의 전략이나 산업, 고객 등의 특성에 따른 상황적 변수들을 찾아 다양성 통합 전략을 수립하게 되면 해당 상황에 따른 매개적 성격의 중간 성과 변수를 찾아낼 수 있다. 여기에는 조직적인 성과나 인사적인 성과 또는 국제화에 따른 성과 등이 해당될 수 있다 (Stahl *et al.*, 2009; 박종훈, 이호욱, 2004; 양영수, 박영렬, 2010; Kaplan *et al.*, 2011). 그리고 이러한 중간 성과들이 기업의 직접적인 성과로 이어질 것으로 기대할 수 있다. 결론적으로 이상의 이론적 배경을 기반으로 다양성 관리의 기업 전략 모델을 정리하면 〈표 4〉와 같다.

| 표 4 | 다양성 관리를 위한 기업 전략 모델

	성 격	내 용
국가 정책	* 평등화 중심의 인구통계학적 다양성 정책 * 개인적 단위 성격 * 규제 중심 * 기업의 다양성전략 지원	* 미국: 적극적 조치 등 * 유럽: 긍정적 조치 등 * 한국: 적극적 고용개선제도, 외국인 고용허가제, 장애인 의무고용제도 등
기업 전략	* 차별철폐 전략에서 다양성 통합 전략으로 전환 * 조직적 성격 * 자율적, 능동적인 건설적 붕괴(Constructive Disruption) 요구 * 상황적 특성(산업이나 인구통계학적인 지배적 특성, 팀 특성 등)을 고려한 전략	* 전략적 목표와 가치사슬과 결합 - 경영진의 지원과 몰입 - 다양한 고객 및 이해관계자와 지속적 파트너십 유지 - 문화적 지성과 다양성 환경 조성 - 다양성 수준: 인구통계학, 정보적, 가치적 다양성 모두 지향
다양성 성과	* 매개적 성격의 중간 성과	* 조직적 성과 - 창조성 및 문제해결능력 - 조직 갈등 - 의사 소통 및 협력 * 인사적 성과 - 이직의사 및 만족도 수준 * 국제화 성과 - 국제화 수준 및 글로벌 투자 성향

III 다양성 정책

3.1 다양성 관리를 위한 미국과 유럽의 정책

미국과 유럽의 여러 나라들은 역사적으로 다양한 민족과 인종으로 구성되어왔고 또한 문화적인 뿌리도 달라서 오래 전부터 다문화 소수집단 사회를 형성해 왔다. 그리하여 주류를 이루는 지배계층과 그 외의 소수집단으로 구성된 피지배계층간의 여러 갈등들이 사회적인 문제로 대두되었고 그것이 지배계층의 차별로 이어져 소수집단의 차별철폐와 인권보호를 위한 정책들이 국가차원에서 시행되었다. 또한 기업의 고용차원에서도 소수집단을 위한 평등 고용정책을 시행하도록 국가가 유도하여 이것이 기업의 다양성 관리의 시초가 되었다.

특히 유럽의 경우는 2차 대전 이후 산업발전 단계에서 여러 이민자들의 유입으로 인해 기존 집단의 민족주의적 문화와 갈등이 시작되었다. EU통합 이후 많은 기업들의 M&A가 본격화되면서 기업 내부의 갈등을 해소하고 문제해결을 위한 조직통합과 경쟁우위를 창출하기 위해 국가차원의 정책을 떠나 다양성 관리가 기업의 실질적인 전략적 이슈로 부각되고 있다.

다음은 미국과 유럽의 평등 고용정책과 기업의 전략적 다양성 사례를 살펴본다.

3.1.1 미국의 적극적 조치

미국은 과거 극심한 인종차별 문제로 인하여 우선적으로 평등 고용을 위한 조치가 시행되었다. 1964년 민권법 제7조(Title VII of the Civil Rights Act of 1964)를 시작으로 적극적 조치를 공식적으로 시행하였는데 사실상 그 뿌리에는 노예해방 이후 1870년에 15번째 헌법개정(Fifteenth Amendment)으로 인한 평등 투표권이 주어지면서부터 다양성의 기반이 만들어지기 시작하였다(Castleberry-Singleton, 2009; Delong, 2007).

이후 기업의 평등 고용 차원에서는, 1941년 행정명령 8802호를 시작으로 연방정부 계약업체의 '인종, 신념, 피부색 또는 출신국가'에 따른 차별을 금지하였고 1961년 행정명령(Executive order) 10925호는 연방정부 계약업체가 '지원자의 인종, 신념, 피부색 또는 출신국가에 관계없이 고용되고 처우 받을 수 있도록 적극적 조치의 시행'을 규정하여 '고용, 승진, 좌천 또는 전임, 채용 또는 채용광고, 일시해고 또는 고용종료, 급여 또는 기타 형태의 보상 및 수습을 포함한 훈련'을 모두 포함한다는 것을 명시하였다.

따라서 부통령을 의장으로 고용기회 평등위원회(Equal Employment Opportunity Commission: EEOC)를 발족하여 적극적 조치를 이행하지 않는 사업자에게 계약해제 등 처벌을 할 수 있는 권한을 부여하였다(제이콥슨, 2008).

또한 적극적 조치의 도입에 따라 제도적으로 연방정부 계약준수 프로그램(Federal Contract Compliance Program)이라는 대표적인 제도를 설립하여 시행하였다. 본 프로그램의 법적 근거는 1965년 제정된 행정명령 11246호이다. 사실상 적극적 조치는 엄격한 의미로는 연방정부와 조달계약을 체결한 사업자에게만 해당된다. 그러나 고용관행에 있어 적용대상은 아니지만 적극적 조치를 준수하고 있다고 밝힌 업체의 수가 다수여서 소규모 기업을 제외한 모든 사업체로 확대되었다고 볼 수 있다.

그리하여 100인 이상의 고용인을 둔 민간 사업자와 50인 이상의 고용인을 둔 연방정부 계약업체는 매년 EEOC에 적극적 조치 보고서를 제출하는데 2008년 기준으로 약 5,500만 명의 고용인을 대표하는 약 5만 명의 고용주가 이 보고서를 제출하고 있다. 그리고 적용대상이 아닌 기업들 중에서 자발적으로 준수하고 있는 기업들까지 포함하면 1억 4600만 명의 노동인구, 즉 미국의 전체 노동인구의 약 28~40%가 적극적 조치의 보호를 받는 것으로 추산되고 있다(제이콥슨, 2008; 조준모, 권태희, 2008; 윤미경, 2011).

미국의 적극적 조치는 여성도 소수집단의 하나로 보고 여성의 고용, 특히 흑인 여성의 고용증가에 많은 기여를 했다. 적극적 조치의 제정 당시에는 소수인종을 위한 조치만을 요구했지만 1967년 행정명령 11375호로 개정하면서 여성에 대한 조치가 취해졌다(윤미경, 2011; 제이콥슨, 2008). 하지만 미국의 적극적 조치는 인종차별의 해소의 목적으로 시작한 만큼 인구통계학적인 면에서 주로 인종에 더 중점을 두고 있다.

적극적 조치 정책의 실시 이후, 소수인종과 여성에 대한 기업들의 고용에 많은 효과가 나타났다. 먼저 기업 내 소수집단의 결근율과 이직율이 낮아지고 적극적 조치 대상 기업들의 여성고용 참가율이 크게 증가하였으며 여성들의 관리직 전환도 증가하였다.

또한 고용형태에도 변화가 있어 서비스나 생산직 직종에 있는 소수집단의 인력들이 전문 관리직과 같은 사무직 직종으로 전환하게 되었다(Cox & Blake, 1991; US Department of Labor, 1984; Woody, 1989; 김경희, 2005; 이승계, 2010). 그리고 일부 학자들은 적극적 조치로 인한 소수인종이나 여성의 고용이 기업의 이익에 긍정적인 영향을 주었고 여성의 생산성을 증대시켰으며 여성 관리자의 증가로 인한 기업의 성과에 유의미한 영향을 주었다고 주장했다(Leonard, 1984; Holzer & Neumark, 1999; Catalyst 2004; 성효용, 2009).

하지만 적극적 조치의 시행 이후 소수인종과 여성의 고용평등에는 기여해왔지만 또 다른 문제점을 낳았다. 백인남성들에 대한 역차별이나 업적주의의 훼손, 또한 적극적 조치가 시대상황의 산물이기 때문에 글로벌 경쟁체제나 경기침체 등의 변화에는 적합하지 않다는 이견도 많았다(이승계, 2010).

한편 2009년 미국 노동부의 연차보고서에서는 비심사 대상 기업들의 준수율

(Compliance rate)은 지난 5년간 80%대를 유지하고 있고 비록 2008년과 2009년에 이전에 비해 약간의 감소를 보였지만 대체로 잘 준수하고 있음을 알 수 있다. 또한 심사를 받은 기업들의 차별률(Discrimination rate) 또한 지난 5년간 2% 이하를 유지해 차별적 문제의 많은 개선을 보였다. 다만 2008년 차별률이 목표치인 1%에 비해 2%로 보인 것은 2008년의 심사 대상기업이 2007년에 비해 4,923개에서 4,333개로 감소한 반면 고용차별 사건이 60건에서 78건으로 증가한 것에 기인되었다(〈표 5〉 참조; 윤미경, 2011).

▌표 5▐ 미국의 적극적 조치 프로그램의 성과

		2005	2006	2007	2008	2009
심사 대상기업의 차별률 (Discrimination rate)	목표	7%	6%	2%	1%	1%
	결과	2%	1.70%	1%	2%	1.90%
비심사 대상기업의 준수율 (Compliance rate)	목표	62%	64%	86%	89%	90%
	결과	86%	87.20%	88%	86%	84.40%

자료: US Department of Labor, 2009:108; 윤미경, 2011, p.57에서 재인용.
주: 본 보고서는 차별률과 준수율의 정확한 정의는 제시하지 않았다

미국의 적극적 조치가 주로 인종이나 성, 피부색, 출신국가에 따른 차별을 철폐하기 위한 정책이라면 장애인의 직업재활과 고용에 관한 정책으로는 별도로 1990년에 제정된 장애인법(American with Disabilities Act)을 두어 장애인의 동등한 취업 기회와 취업을 위한 재활을 지원하고 장애인을 채용하는 사업주에게는 조세감면 및 세액공제 등의 재정지원을 해왔다.

장애인법의 근원은 1902년 보스턴 지역을 중심으로 장애인들의 의류, 생필품 수선업 등을 시작으로 1920년에 산업재해로 인한 장애인들을 위한 직업 재활법(Vocational Rehabilitation Act), 1972년의 평등 고용법(The Equal Employment Opportunity Act of 1972), 1973년의 재활법(The Rehabilitation Act of 1973)으로 발전하고 1984년에 다시 개정되면서 장애인법에 이르게 되었다(이윤석, 홍보람, 2007; 전광석, 2010).

3.1.2 IBM의 다양성 통합 전략 사례

IBM은 설립 초기부터 조직 내 평등 기회를 촉진하면서 여성과 흑인, 장애인을 적극적으로 채용하였다. 1940~50년대에는 적극적으로 인종 평등을 위한 노력을 기울였고 미국 기업 중에서 최초로 흑인을 위한 대학 펀드를 후원하였다. 또한 1900년대 후반에는 워킹맘이 일하기 좋은 회사나 장애인 고용 우수 회사 등 다양성 관련하여 여러가지 외부에서 수여하는 상을 받았다.

1952년 기술 혁신을 통해 최초로 상업용 컴퓨터를 출시한 후 25년 간 해당 산업 내 독보적인 리더가 되었고 또한 1980년대 초에는 첫 개인용 컴퓨터를 출시하여 개인 소비자의 시장을 창출함과 동시에 전례없는 성장을 지속해왔다. 그러나 1980년대 후반부터 제품의 시장 지배력에 한계를 보이기 시작했고 복잡한 조직과 심화되는 경쟁으로 성장이 둔화되면서 1990년대 초부터 성과가 하락하게 되었다. 결국 비용 절감이나 인력 축소 등 재기를 위한 고민을 하면서 이사회는 새 CEO로 Lou Gerstner를 임명하기에 이르렀다.

1993년 외부인으로써는 처음으로 Lou Gerstner가 CEO로 등극하면서 그는 전사 서베이를 통하여 IBM의 기술력이 시장의 현실과 고객 관계에 접목하지 못하고 있고 마케팅도 준비가 되어있지 않음을 인식하게 되었다. 그리하여 IBM의 강점이 서비스 통합 및 고객 특화된 패키지를 제공하는 능력으로 설정하고 통합과 비용절감, 고객지향, 효율성을 유지하는 통합적 리엔지니어링의 노력으로 1994년에 다시 흑자 전환에 성공하게 되었다.

한편 다양성에 관하여는 Lou가 CEO로 등극할 당시에 평등고용의 국가정책과 병행하여 다양성을 이미 IBM의 핵심전략의 한 분야로 설정해 놓고 있었다. 그러나 그는 다양성이 IBM의 고객들과 내부 직원들에게 충분히 반영되지 않았음을 발견하게 되었다. 그리하여 그는 '다양성이란 다양하고 다문화적 시장을 이해하는 것에서 시작해야 한다' 그리고 '다양한 고객들로부터 기회를 창출하기 위해서는 기업자체가 다양성을 추구해야 한다'고 주창하였다.

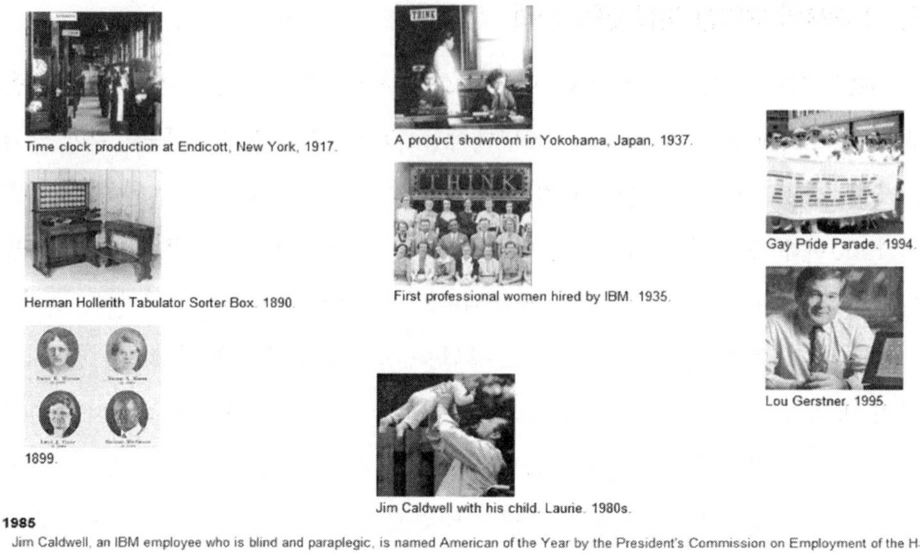

| 그림 4 | IBM의 다양성 유산들 (자료: IBM Website)

그는 기존의 인식, 즉 조직 내에서 차이를 최소화해야 한다는 인식에서 차이를 늘리는 것으로 전환해야 하고 이것이 차별철폐주의적인 정책적 대응을 벗어나 차이의 장려를 통하여 더 많은 창조적 배움으로 이어지는 것이라고 하였다. 그리하여 궁극적으로 사업의 기회로 전환되며 이것이 바로 '건설적 붕괴'라고 하였다.

결국 CEO의 지원과 다양성 담당 부사장인 Ted Childs의 노력으로 1995년 다양성 전략을 위한 8개의 태스크포스(Task Force, 이하 TF)팀, 즉 흑인, 여성, 미본토인(Native American), 동성애자, 장애인, 백인남성, 히스패닉, 아시안 그룹의 TF팀으로 조직하고 각 팀의 운영 안을 발표하였다. 각 TF팀은 15~20명의 관리자급으로 다양하게 구성되었고 6개월의 연구를 진행한 후에 결과 보고를 하도록 하였다. 그리고 각 TF팀은 다음의 주어진 질문을 중심으로 그 해결 방안을 찾도록 하였다.

(1) IBM내에서 우리 소수그룹의 가치를 극대화하기 위해서 무엇이 필요한가?

(2) 우리 소수그룹의 생산성을 극대화하기 위하여 IBM은 무엇을 할 수 있을까?

(3) 우리 소수그룹의 구매결정에 영향을 미치도록 하기 위해서 IBM은 어떤 의사결정을 해야 하는가?

(4) 우리 소수그룹을 대변하는 외부의 어떤 조직과 IBM은 관계를 가져야 하는가?

각 TF팀은 상기 4가지 질문에 대한 연구를 통하여 해당 그룹의 핵심 요구사항들을 도출하여 보고하고 경영진은 이것을 경영전략에 적용하여 곧바로 실행계획을 수립한다. 내부적으로는 해당 그룹의 직원들에게 적용하여 인적자원의 활용을 극대화하고자 했고 외부적으로는 해당 그룹에 속하는 외부 고객을 창출하여 사업기회를 넓히고자 하였다.

결과적으로 각 TF팀은 해당 그룹의 내,외적인 이슈를 도출하고 실행 방안을 제안하였다. 여성 TF팀에서는 여성 핵심 인재들의 경력개발과 승진 계획, 여성 네트워크 그룹의 형성, 일과 생활의 균형을 촉진하는 환경 조성 등을 실행 방안으로 제안하고 이후 소규모의 여성 사업가들(Female small-business owners) 등의 신 고객층을 개발하는 성과를 올리게 되었다.

흑인 TF팀은 인종을 초월하여 능력위주의 승진기회, 흑인 전문가 조직과 공동체 형성, 소수 그룹 제외의 마케팅 고정관념 탈피 등 여러 이슈와 실전 방안을 제안하였다. 한편 백인 남성 TF팀에서는 소수 그룹 우대에 의한 역차별 이슈 등을 제기하였으나 환경의 변화가 다양성을 중시한다는 점을 인정하고 이것을 활용해야 함을 강조하였다.

각 TF팀 보고 이후, 다양성 과제를 실행에 옮기면서 내부적으로 여러 변화가 일어났다. 여성 그룹은 여성 기술 위원회를 설립하여 능력있는 여성 공학도 양성을 위한 멘토링 프로그램 참여나 청소년을 위한 기술 공학 캠프를 시작했고 일과 생활의 균형을 위한 다양한 글로벌 프로그램을 진행하였다.

흑인 그룹은 우수한 흑인 매니저들을 멘토로 지정하여 실질적인 경력개발에 도움을 주었고 외부 비영리 단체의 교육 프로그램 후원, 흑인 임원 네트워크, 우수 매니저 프로그램 등을 진행하였다. 백인남성 TF팀은 이후 남성 TF팀으로 바꾸고 아버지와 남편의 책임과 업무를 조화시키는 프로그램을 개발하였다.

기타 소수그룹으로 동성애자 그룹은 양성애자와 트랜스젠더를 포함하여 성소수자 그룹의 권익을 보호하고자 하였고 히스패닉 그룹은 기술 역량 강화를 위한 프로그램, 아시안 그룹은 우수한 아시안 인재 채용을 위한 방안과 개발 사례 보고, 장애인 그룹은 장애인의 접근성을 반영한 제품 설계 등과 같은 구체적인 실행 방안이 진행되었다.

한편 외부적으로는 시장개발그룹(Market Development Group)을 설립하여 영업조직 아래에 두고 TF팀과 함께 소수그룹 소유의 비즈니스 시장을 개발하고 다양한 마케팅 활동을 기획하였다. 먼저 소수그룹의 단체나 기업들을 대상으로 잡지 등 여러 매체에 광고 활동을 진행하였고, 소수그룹 비즈니스를 위한 파트너십 프로그램을 진행하여 소수그룹 사업가와 IBM 파트너 담당 직원이 만나 비즈니스 창출을 지원하면서 결과적으로 IBM은 53개의 새로운 비즈니스 파트너를 발굴하게 되었다.

또한 흑인 소유의 비즈니스를 위한 파트너십 전문가 집단(Partnership Executive)과 비즈니스 협력 프로그램(Business Alliance Program) 등을 개발하여 흑인 사업가들과의 관계 개발 및 다양한 파트너 협력 체계를 형성하기 위한 노력 등 다양성 전략을 실행하였다.

IBM의 다양성 전략은 소수그룹의 구매력이 더 이상 소수가 아니라는 현실을 올바르게 직시한 것이다. 사실상 미국 내 흑인, 아시안, 히스패닉, 미본토인의 규모만 보더라도 8500만 인구에 연 구매력이 약 1.2조 달러이기 때문에 단일국가의 GDP로 따지면 전 세계 7위 정도에 오를 수 있는 대규모 이다.

IBM의 다양성 전략 성공의 핵심 요소는 최고경영자의 리더십과 지원, 직원들의 주도적인 개입, 다양성을 경영진의 실천양식에 통합 그리고 가장 중요하게는 다양성의 목표와 비즈니스 목표를 연결시키는 다양성 통합 전략이었다.

하지만 도전도 있다. IBM이 글로벌 IT 기업으로써 미국 내에서의 다양성 성과를 어떻게 글로벌 시장에 확산할 수 있을 것인지는 과제로 남아있다(Thomas, 2004; Thomas & Kanji, 2004).

▌그림 5▐ IBM's Commitment to Diversity (자료: IBM Website)

▌그림 6▐ IBM의 Diversity and Inclusion website (자료: IBM Website)

3.1.3 유럽의 긍정적 조치와 EC조약

유럽에서는 1958년 European Council(이하 EC)조약을 발효함으로 EU 국가들을 중심으로 긍정적 조치를 시행해왔다. 여기에서 고용에서의 남·여 불평등의 시정, 여성에 대한 우선권 보장 등의 양성평등 원칙들을 제정하였고 유럽사법재판소(European Court of Justices, 이하 ECJ)가 판결례들을 통하여 통일적인 원칙을 수립했다.

긍정적 조치 자체는 미국의 적극적 조치에 비해 보다 포괄적인 의미를 갖고 있지만 그 배경에는 여성의 사회적, 경제적 지위 향상을 위한 여성 운동의 결과이기 때문에 사실상 그 수혜자는 여성이 중심이었다(채형복, 2007; Krstic, 2003).

이와 같은 내용은 EC조약 제13조 제1항과 제141조 제4항에서 규정하고 있다. 제13조 제1항은 비차별 원칙을 확립하기 위한 포괄적인 규정으로 '유럽의회와의 협의 후 전원 일치로 성, 인종 또는 민족의 기원, 종교 혹은 신념, 신체장애, 연령 혹은 성적 지향에 의거한 모든 차별에 대항하기 위하여 필요한 조치를 채택할 수 있다.'고 명시했다. 그리고 제141조 제4항에서는 '남성과 여성 사이에 직장생활에서의 완전하고 실질적인 평등을 보장하기 위하여 모든 회원국은 여성 노동자들이 보다 용이하게 직업 활동을 추구하도록 하거나 경력에서의 불이익을 방지 또는 보상해 주기 위한 특정 이익을 명시하는 조치를 계속 유지하거나 새로 채택할 수 있다.'고 구체적인 양성평등 원칙에 대한 내용을 규정함으로써 긍정적 조치의 명시적인 법적 근거를 마련하였다. 그리하여 EC조약상 이 규정들과는 별도로 남성과 여성의 평등대우를 보장하기 위한 구체적인 지침이 채택되어 시행되고 있다(윤미경, 2011; 채형복, 2001; 채형복, 2007).

긍정적 조치에 관한 EC조약을 근거로 EU 회원국들은 구체적인 법규와 관련제도를 도입하여 성뿐만 아니라 다양한 인구통계학적 범주를 명시했지만 실제적으로는 여성의 평등 대우에 관한 결과들이 대부분이었다. EU 대표국가들의 제도 내용과 효과 사례들을 〈표 6〉과 같이 정리하였다.

| 표 6 | EU 대표국가들의 긍정적 조치 제도와 효과

국가	구분	내용
영국	법령	Equality Act(2006), Disability Discrimination Act(1995)
	내용	1. 성, 장애, 종교, 이념, 인종, 성적지향(Sexual orientation), 나이를 포괄한 평등법 2. 평등인권위원회(Commission for Equality and Human Right: CEHR)을 설립하여 집행
	효과사례	의료보험제도의 남녀 동등적용, 공공부문의 남녀동일임금을 위한 보고체계수립, 보육분야에서 여성의 저임금, 저평가 관행 개선 등 장애인의 고용에 추가적으로 소요되는 특별비용을 보상하는 조치 등
프랑스	법령	Equality of Remuneration between Men and Women(1973)
	내용	1. 남녀고용 격차를 줄이고 비합리적인 남녀임금차별 금지 2. 고용주의 성별 임금정보 보고 의무화
	효과사례	남녀평등고용을 위한 가스와 전기회사의 협정 등
아일랜드	법령	Employment Equality Act(1998)
	내용	1. 인종, 종교, 장애, 성적지향, 성, 혼인상의 지위, 연령, 가족형태, 유랑커뮤니티 소속여부 등의 차별사유로 인한 고용차별을 금지하는 법 2. 평등위원회(Equality Authority)를 설립하여 고용평등의 촉진과 고용차별의 시정을 위하여 행정적 차원에서 법의 운영에 관여하고 입법개선 활동을 수행
	효과사례	고용평등기회보장기획위원회(The Framework Committee for Equal Opportunities at the Level of Enterprises)와 같은 대표적인 사회적 파트너와의 협력 및 지원 활동
스웨덴	법령	Discrimination Act(2009) (기존의 양성평등과 적극적 조치 관련 모든 법령을 통합)
	내용	1. 성, 장애, 인종, 성적지향, 나이, 성전환을 기준으로 차별을 금지한 법 2. 양성 평등에 관하여는 기존의 기회균등법(Equal Opportunity Act, 1991)보다 완화
	효과사례	설문조사 실시 등에 의하여 남녀간 임금격차 자료 제시 및 차별대우에 대한 재평가 등
헝가리	법령	Act CXXV on equal Treatment and the Promotion of Equality Opportunities(2003)
	내용	모든 노동자의 노동이 동등하게 평가되고 임금이 지급될 수 있도록 규정
	효과사례	공공기관과 일반기업의 자발적인 남녀차별규제를 유도하는 등

자료: European Commission, 2009; 윤미경, 2011, p.67에서 재인용; 장지연 등, 2006,"노동시장 차별과 적극적 고용개선조치"연구보고서를 참고; 김미성 등, 2007; 전광석, 2010; 박준식, 김영범, 2009

EU 대표 국가들은 긍정적 조치에 관한 EC조약을 근거로 하되 각 나라의 사회적 상황이나 주요 현안들에 따라 법령을 제정하고 주요 내용을 명시하기 때문에 중점이 되고 있는 사항들이 서로 상이할 수 있다. 예를 들어 스웨덴의 경우는 양성 평등 중심의 기존 법령이 새로운 법령으로 통합되면서 포괄적인 인구통계학적 소수집단 중심의 차별금지 법으로 전환되었고 양성평등에 관한 규제는 오히려 완화되었다(전광석, 2010).

하지만 유럽위원회와 ECJ는 긍정적 조치를 고용에서의 남녀간 불평등의 시정, 특히 여성에 대한 우선권을 보장하는 데 중점을 두고 있다. 이런 측면에서 본다면, EU에 있어 긍정적 조치는 '여성우대조치'의 성격을 띠고 있고 이것이 주로 흑인과 여성을 포함한 소수자의 권리보호에 중점을 두고 있는 미국의 적극적 조치와의 다른 점이다(채형복, 2007).

3.1.4 Royal Dutch Shell의 글로벌 다양성(Global diversity) 사례

네덜란드 헤이그에 본사를 둔 Royal Dutch Shell(이하 Shell)의 글로벌 다양성 사례는 유럽의 긍정적 조치에 대한 적극적 대응과 함께 글로벌 기업이 어떻게 성공적인 다양성 전략을 실행하는지를 보여주었다.

Shell은 2008년 기준으로 전 세계 35개 국가에 생산 기지를 두고 100여 국가에서 에너지 사업을 전개하고 있다. 그리고 10만 2000명의 정규 직원과 수십만의 합자투자회사의 인력과 계약직 생산 인력 등 다양한 이해관계자들로 조직되어 있다. 그 속에는 다양한 문화와 종교, 인종, 가치, 지역적인 법규 등이 혼재되어 있어 글로벌 다양성 관리가 중요한 경영 요소가 되었다.

Shell의 다양성 전략은 '다양성과 포용(Diversity & Inclusion, 이하 D&I)'이라고 명명하고 다양성을 '차이가 나는 모든 방식(All the ways we differ)'으로 정의하면서 눈에 보이는 인구통계학적 다양성뿐만 아니라 스타일, 종교, 성적지향, 교육배경 등을 포함하였다〈그림 7〉.

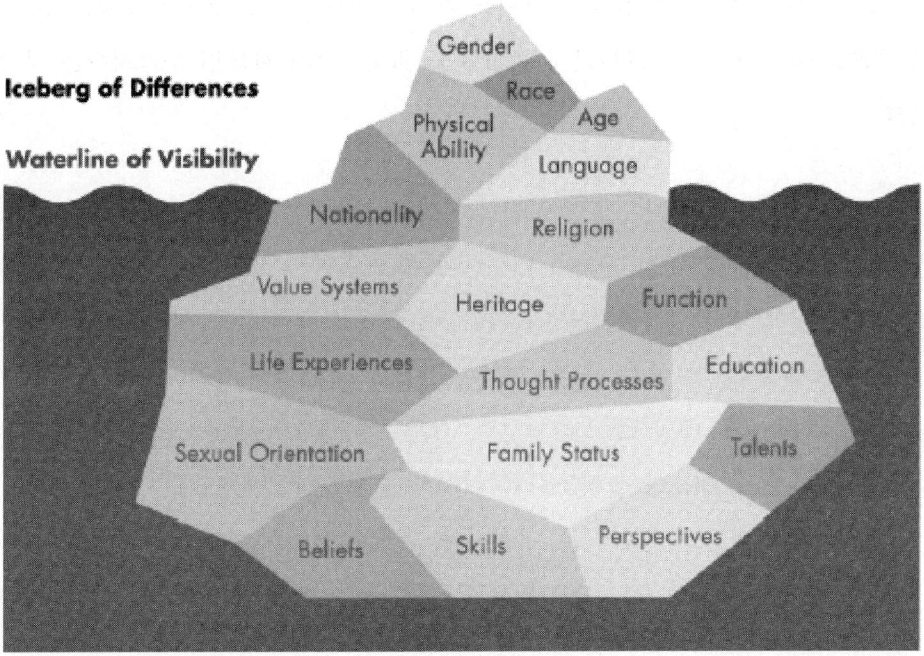

| 그림 7 | Shell의 D&I 정의 (자료: Sucher & Corsi, 2011)

그리고 포용을 '차이를 가치로 여기는 조직 환경(Workplace where differences are valued)'으로 정의하고 Shell 조직 내에서는 누구든지 기술과 능력을 개발할 수 있고 존경을 받으며 자유로이 소통할 수 있다. 그리고 그 속에는 풍부한 아이디어와 경험들 그리고 다양한 인식들이 내제되어 있고 이것은 곧 비즈니스 가치를 창출할 수 있는 원동력으로 여겼다.

초창기의 Shell은 다양성을 평등 고용 기회와 같은 규제 대응적인 방식으로 접근하여 미국 등 일부 지역에서는 실효성이 있었지만 법적 규제가 약한 유럽이나 아프리카 지역에서는 통하지 않았다. 그리하여 다양성에 관한 사고방식을 전환하기로 결정하면서 2001년에 D&I 표준이 탄생하였다.

D&I 표준의 핵심은 직원들이 최대 역량을 발휘할 수 있는 포용적인 환경을 구축하는 것이다. 행동지침으로는 현지의 주요 비즈니스 활동에 다양성을 적용

하고 관리하는 것, 직원 각각의 차이를 가치로 보는 견지, 다양한 재능을 인정, 보호하고 육성하는 것, 그리고 D&I 표준을 외부고객과 파트너로 확대하는 것이었다.

2005년 Shell은 3가지 글로벌 D&I 목표를 수립하였다. 첫째는 성에 대한 목표(Gender Target)로 여성 관리자 비율 목표를 20%까지 끌어올리는 것이고 둘째는 민족에 관련한 목표(Nationality Target)로 주요 리더들을 해당 국가의 국민으로 임명하여 이끌도록 하는 것, 셋째는 포용에 대한 목표(Inclusion Target)로 매년 전 직원을 대상으로 다양성과 포용 지표(Diversity and Inclusion Indicator, 이하 DII)의 설문조사를 실시하여 보완하고 관리하는 것이다.

다음은 DII 설문조사의 질문 내용이다.

1. 나는 직장에서 존중을 받고 있는가? (Where I work we are treated with respect?)
2. 나는 직장에서 어떠한 두려움 없이 자유롭게 의견을 피력할 수 있는가? (I'm free to speak my mind without fear of negative consequences?)
3. 나의 조직은 다른 생각이나 관점을 가치있게 여기는 업무 환경인가? (My organization has a working environment in which different views and perspectives are valued?)
4. 나의 조직은 어떠한 부당행위나 차별이 없는 업무 환경인가? (My organization has a working environment that is free from harassment and discrimination?)
5. 나의 조직의 리더들은 직원들을 공정하게 대하는가? (The decision leaders in my organization make concerning employees are fair?)

그리고 다음의 〈표 7〉은 2006년과 2008년의 결과를 보여주고 있고 D&I의 목표가 실효성을 거두고 있음을 시사한다.

| 표 7 | Shell의 DII 결과

DII 질문	2006	2008
나는 직장에서 존중을 받고 있는가?	72%	76%
나는 직장에서 어떠한 두려움 없이 자유롭게 의견을 피력할 수 있는가?	60%	62%
나의 조직은 다른 생각이나 관점을 가치있게 여기는 업무 환경인가?	64%	68%
나의 조직은 어떠한 부당행위나 차별이 없는 업무 환경인가?	71%	75%
나의 조직의 리더들은 직원들을 공정하게 대하는가?	53%	54%
평균 DII Index	64%	67%

자료: Shell 기업 사례(Sucher & Corsi, 2011의 사례를 재인용)

2009년에는 D&I 전문팀을 창설하여 두 가지 주요 역할을 맡기게 되었는데 하나는 주요 관리자들과 함께 D&I의 모범 비즈니스 사례를 만드는 컨설팅의 역할과 다른 하나는 D&I 전략을 비즈니스 관리 프로세스에 통합하는 것이다. D&I 전문팀은 주로 내부의 자원봉사자로 구성되었는데 이전에 D&I 수행 경력자나 인사 담당 매니저들이다. 약 200명 정도이고 그들은 업무시간의 5%~25%의 시간을 할당하여 D&I 업무를 수행하였다.

Shell은 D&I의 글로벌 구축을 위하여 4가지 분야에 대한 실천양식을 수립하여 시행하였다.

첫째는 채용에 관한 것으로, 각 국가들의 법적인 다양성의 요구사항을 이해하고 이에 적합한 채용과 승진방안을 수립하는 것이다. 그리하여 2005년과 2008년 사이에 여성 관리자의 비율이 10%에서 13.8%로 증가하였고 2008년에는 전체 Shell 지사 중에서 32%가 해당 국가의 국민이 최고경영진을 맡도록 구성하였다.

둘째는 인력 개발과 멘토링에 관한 것으로, 목표그룹을 미리 설정해놓고 리더십 교육을 통하여 상위 리더들에 의한 멘토링 프로그램을 진행하면서 그 영향력을 지속적으로 평가한다. 그리고 목표그룹의 승진율 등을 모니터링하고 관리한다.

셋째는 다양성 지원과 포용 환경(Building Supportive and Inclusive Working Environment)을 구축하는 것으로, 매년 전 직원을 대상으로 D&I 설문

을 진행하여 목표그룹과 차이를 비교하고, 관리한다. 그리고 다양성 포용 환경을 제공하기 위하여 글로벌 직원 D&I 네트워크 등 다양한 툴과 제도적 장치를 마련한다.

예를들어 아래의 〈그림 8〉과 같이 약 20000여명의 직원이 비공식적인 다양성 네트워크에서 활동을 하며 여기에는 여성, LGBT, 장애인, 특정 종교인 등이 해당한다. 이들은 해당 네트워크에서 서로 교류하며 여러 정보를 나누고 Shell의 고위 임원들이 스폰서가 되어 참여를 적극적으로 권장하고 차별이나 부당행위에 대한 '핫 라인'등을 개설, 이들의 권익 보호를 위하여 적극적으로 지원하고 있다.

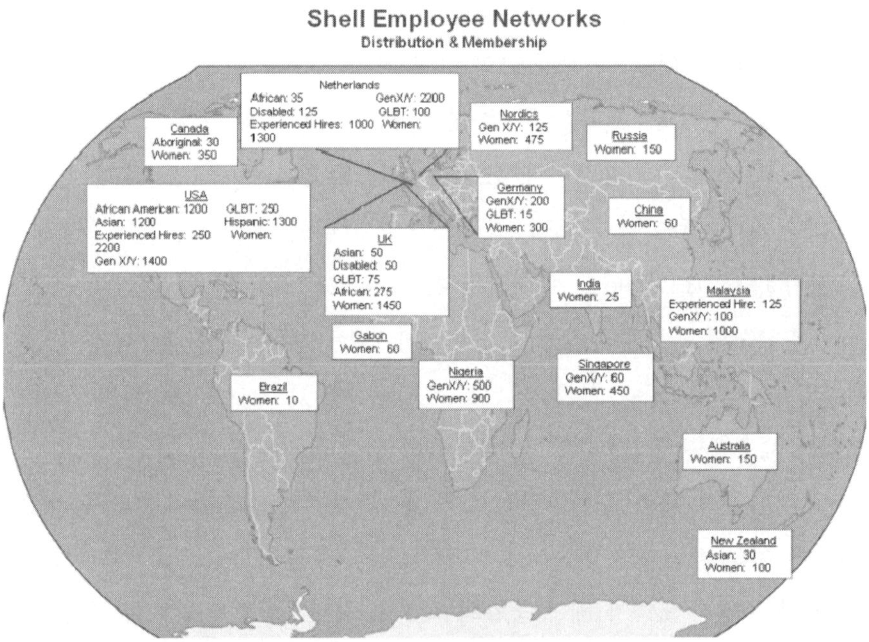

▎그림 8▎ 2008년 Shell의 D&I 네트워크(자료: Sucher & Corsi, 2011)

마지막으로 의사소통과 교육에 관한 것으로, 리더들은 항상 D&I 메시지를 의사소통 속에 내제화시키고 논의할 것을 요구하였다〈그림 9〉. 특히 차이를 가치화하는 것(Valuing Difference)은 Shell의 리더십 프레임워크에 중요한 요소가 되었다. 그리하여 이 주제는 주요 임원이나 고위직의 승진 교육에 필수적인 아젠다가 되었고 그 밖에 다양한 D&I 교육 프로그램을 통하여 D&I 성과를 올리고 있다〈그림 10〉(Sucher & Corsi, 2011).

▌그림 9▐ Shell CEO의 D&I Message(자료: Shell의 Website)

▌그림 10▐ Shell의 D&I Site(자료: Shell의 Website)

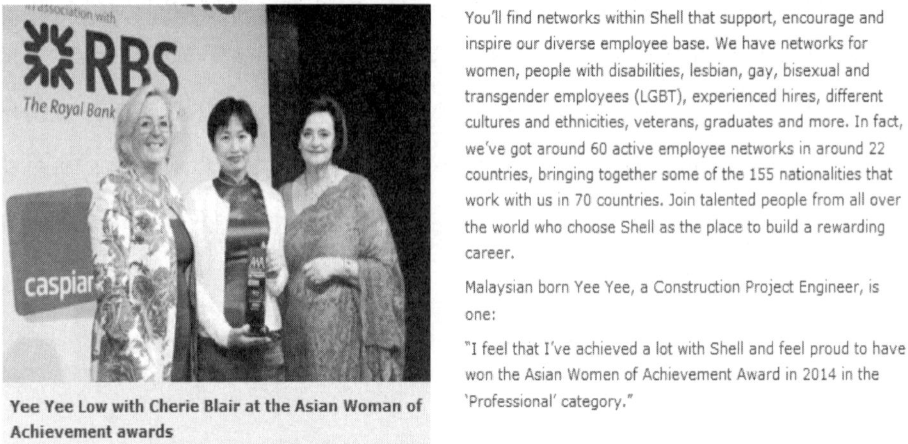

▌그림 11▐ Shell의 D&I Cultures(자료: Shell의 Website)

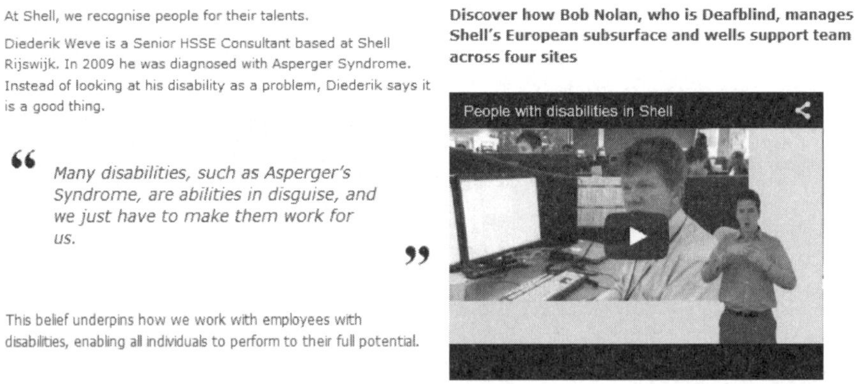

▌그림 12▐ Shell의 D&I Workplace(자료: Shell의 Website)

3.2 다양성 관리를 위한 한국의 정책

한국은 오랫동안 남존여비의 가부장적인 사상이나 인간관계를 중시하는 집단문화의 역사적, 문화적 배경을 갖고 있어 미국이나 유럽처럼 인종이나 다문화로 인한 갈등이 사회적으로 크게 나타나지 않았다. 그리하여 소수집단의 차별철폐와 인권보호를 위한 정책들이 시기적으로는 미국이나 유럽에 비하여 대체로 늦게 시행되었다.

먼저 인구통계학적인 다양성을 기반으로 남녀고용정책인 적극적 고용개선제도와 외국인의 인권보호와 평등 근로조건을 보장하는 외국인 고용허가제, 그리고 장애인의 인권과 고용을 의무화 한 장애인 의무고용제도를 시행하였다.

3.2.1 적극적 고용개선제도

적극적 고용개선제도는 2005년 12월 30일에 노동부가 내재적이고 관행적인 남녀 고용차별의 예방 및 시정을 위하여 기존의 남녀고용평등법을 개정하여 2006년 3월1일부터 시행하였다. 그 내용으로는 남녀고용평등법 제17조의3 및 동 시행령에 따라 공공기관 및 단체의 장과 상시 500인 이상의 근로자를 고용하는 사업주로서 고용하고 있는 직종별 여성 근로자의 비율이 산업별, 규모별로 노동부령으로 정하는 고용 기준에 만족하도록 규정한 것이다.

이에 미달하는 사업주에 대하여는 차별적 고용관행 및 제도개선을 위한 적극적 고용개선조치의 시행계획을 수립하여 제출할 것을 요구할 수 있도록 한 것이다.

적극적 고용개선제도는 미국의 적극적 조치의 모델을 고용부문에 적용한 개념으로 사업주가 현존하는 남녀 간의 고용상 차별을 해소하고 고용평등을 촉진하기 위하여 잠정적으로 취하는 모든 조치 및 그에 수반되는 절차를 말하며 능력주의나 업적주의를 침해하지 않는 방법으로 소수집단의 대표성을 확대시켜 나가는 방식이다.

즉, 적극적 고용개선제도는 동종 산업 유사규모 기업들을 비교 평가하여 여성을 현저히 적게 고용하였거나 여성 관리자 비율이 낮은 기업에 대하여 간접차별 징후가 있는 것으로 보고 개선방안을 찾고 시행할 것을 요구하는 제도이다(고용노동부, 2010; 육소영, 2009; 황인철, 2005).

적극적 고용개선제도는 2006년에 총 546개의 사업장을 대상으로 시행되어 2008년에는 총1425개로 확대되었고 2009년에는 1607개소로 시행 초기에 비하여 3배 이상 증가하게 되었다. 또한 시행 이후, 2006년 30.8%의 여성 근로자의 비율이 2009년에는 1,000인 이상 사업장은 35.1%와 500인 이상 999인 이하 사업장은 33.2%로 해마다 0.1%~2.7% 정도의 증가가 있었다.

여성 관리자의 비율도 2006년부터 2009년까지 해마다 1.6%~5.9%정도씩 증가하여 여성근로자의 비율 보다는 다소 높은 증가율을 보였다(〈표 8〉 참조). 한국정부는 장기적으로 저 출산율과 고령화로 기인한 노동력의 부족 현상이 심화될 것으로 보고, 적극적 고용개선제도로 인한 여성 근로자의 증가가 기업의 경쟁력 강화에 크게 기여할 것으로 예상했다(고용노동부, 2010).

| 표 8 | 적극적 고용개선제도 이후 대상기업들의 여성 고용률 변화

연도	구분		2006	2007	2008		2009	
			1000인 이상	1000인 이상	1000인 이상	500~999인	1000인 이상	500~999인
여성 근로자 비율(%)	공공기관	투자기관	16.48	16.36	15.68	23.81	28.61	28.48
		산하기관	24.61	25.54	27.14	26.19		
	민간기업		32.54	34.14	35.60	33.19	35.81	34.36
	평균		30.77	32.32	35.02	32.44	35.10	33.24
여성 관리자 비율(%)	공공기관	투자기관	1.69	1.47	1.33	4.09	9.85	7.91
		산하기관	6.76	6.88	6.72	7.07		
	민간기업		11.22	12.10	15.60	12.59	15.39	14.98
	평균		10.22	11.00	13.17	11.99	14.84	13.62

자료: 고용노동부, 여성과 취업, 2009 & 2010

대상기업들을 기관형태별로 살펴보면, 2009년도에는 공공기관의 여성 근로자 비율이 28.5%이고 민간기업은 35.0%로 민간기업의 수준이 더 높았고 여성 관리자 비율도 공공기관 8.4%, 민간기업 15.2%로 민간기업이 높게 나타나 민간기업이 더 주도적으로 시행하고 있음을 입증하였다(고용노동부, 2010).

하지만 이러한 민간기업 증가율의 변화가 반드시 적극적 고용개선제도의 효과로만 해석하기에는 약간의 무리가 있어 보인다. 왜냐하면 한국의 경제환경이 글로벌 경쟁체제로 계속 변화하면서 여성을 위한 다양한 시장들이 생성되고 이로 인하여 파생되고 확대되는 여성관련 산업분야와 여성중심의 기업들이 생성하고 발전하고 있는 것에 기인할 수 있기 때문이다.

어쨌든 적극적 고용개선제도의 시행 이후, 결과로는 기업의 여성 근로자와 관리자의 비율은 매년 증가하여 정책으로는 어느정도 성과가 있다고 평가하고 있고 지속적으로 제도를 보완해 왔다.

2015년에 이르러 적극적 고용개선제도는 총 2009개사를 대상으로 점검하였으며, 대상사업장의 여성근로자비율 평균은 37.41%, 여성관리자 비율 평균은 19.37%로 나타났다. 대상 사업장 중 기준에 미달한 사업장은 1077개사로 규모별로는 1,000인 이상 사업장 중 414개사(51.43%), 500 ~ 999인 이하 사업장 중 663개사(55.06%)가 여성고용기준에 미달한 것으로 나타났다.

향후 미달기업으로 파악된 1077개사에 대해서는 인사제도 및 고용문화 개선 등 내용을 담은 시행계획서 작성을 통보하고, 관련 전문가 컨설팅을 진행하여 개선을 유도할 계획이라 한다. 또한 2016년부터는 여성고용 실적이 극히 저조하고 개선의지도 낮은 사업장의 명단을 공개하는 명단공개제도를 최초로 적용할 예정이다(고용노동부, 2015).

적극적 고용개선제도를 다양성 관리의 측면에서 살펴보면, 다양성 관리의 수준적 접근으로 인구통계학적 수준의 성 다양성만을 정책적으로 적용한 것이어서 낮은 수준의 다양성 관리 형태로 볼 수 있다. 다양성 관리의 전략적 접근으로는 차별철폐 전략으로 평등화 성격이 강하고 국가주도하의 규제이기 때문에 기업의 소극적인 대응이 예상된다.

또한 앞서 언급했듯이 적극적 고용개선제도는 정책적으로 전체 경제활동 기업

대상이 아니고 일정 규모 이상의 기업에게만 적용했기 때문에 부분적인 실효성만 있었음을 시사한다. 또한 이러한 규제중심의 정책이 지속되면 향후 기업들은 규제의 강화와 변화의 두려움으로 더욱 수동적으로 대응할 수도 있음을 배제할 수 없다.

3.2.2 외국인 고용허가제

외국인 고용허가제는 2003년에 도입되어 불법체류자의 합법화 조치 등을 내용으로 '외국인 근로자의 고용등에 관한 법률'이 제정되었고 2004년부터 시행되었다. 외국인 고용허가제로 외국인 근로자는 근로자 신분으로 3년간 취업할 수 있고 국내 근로자와 동등하게 노동4권, 노조결성, 합법파업, 4대 보험 등을 적용받는다.

외국인 고용허가제의 배경을 살펴보면, 1980년대 말부터 3D업종을 중심으로 인력부족이 심화되고 있는 가운데 경영계의 요구에 의하여 1991년 11월에 해외투자기업 연수생제도를 도입하고 1993년 11월부터는 산업연수생 제도를 도입하게 되었다. 하지만 산업연수생 제도는 외국 인력을 근로자 신분이 아닌 연수생 신분으로 고용함으로써 외국 인력의 편법활용, 사업체이탈, 임금체불, 인권침해 등의 문제를 야기했고 이로 인하여 불법체류와 불법취업을 양산하는 주요 요인이 되고 있다는 비판을 받았다(강수돌, 1996; 박영범, 1996; 임현진, 설동훈, 2000; 유길상, 이규용, 2001; 유길상, 박영범, 어수봉, 박성재, 2007).

그리하여 산업연수생 제도에서 문제가 되었던 외국 인력의 관리, 감독의 문제를 외국인 고용허가제에서 한국 정부가 해당국가의 정부와 직접 양해각서를 맺는 방식으로 도입하여 정부차원의 책임으로 관리하게 되었다 (고준기, 2005). 또한 외국 인력의 선정 및 도입절차를 투명하게 하여 송출비리를 방지하고, 외국인 근로자의 노동권과 인권을 보호하여 내·외국인간 균등한 대우를 보장하면서 반면에 불법체류와 불법취업을 억제하여 고용질서를 확립하도록 했다(유길상, 2008).

결국 외국인 근로자는 2000년에 285,506명에서 외국인 고용허가제가 본격적으로 시행되었던 2004년에는 411,641명으로 크게 증가하였고 특히 비전문취업자(E-9)는 전체 외국인 근로자의 30%~40%를 차지하게 되었다. 2005년에 잠시 비전문취업자가 크게 줄면서 전체 외국인 근로자의 숫자 하락에 영향을 주었지만 이후 꾸준히 증가하여 2007년에는 2004년의 수준으로 다시 회복하게 되었다(〈표 9〉 참조).

1990년대에 산업연수생 제도로 도입되었던 산업연수생과 해외투자기업 연수생은 외국인 고용허가제가 도입되면서 점차 줄어들게 되어 야기되었던 문제를 일부 해소할 수 있었고 2007년 1월 1일로 기존 산업연수생 제도는 폐지하고 외국인 고용허가제로 통합하게 되었다. 외국인 고용허가제가 도입되기 전 2000년대 초까지 대두되었던 불법체류자 문제를 외국인 고용허가제의 도입으로 불법 체류자에 대한 합법화 조치를 거치면서 부분적으로는 해결할 수 있었다.

그리하여 2002년 전체 외국인 근로자의 80%에 육박했던 불법체류자 비율이 외국인 고용허가제를 거치면서 2004년에는 40%대, 2015년에는 16%대의 수준으로 하락하게 되었다. 한편 지식근로자에 해당하는 전문취업자는 주로 교수, 회화지도, 연구, 기술지도, 전문직업, 예술, 특정활동 등에 종사하는 외국인 근로자로 2000년부터 2007년까지 꾸준히 증가를 하고 있지만 전체 외국인 근로자 중 8%이하로 여전히 낮은 비율을 보여주었다(〈표 9〉 참조 ; 동아닷컴, 2015).

표 9 외국인 근로자의 체류현황

(단위: 명)

연도	총계	취업				연수			불법 체류자
		소계	전문취업	연수취업(E-8)	비전문취업(E-9)	소계	해투 연수생	산업 연수생	
2000	285,506 (100%)	19,063 (6.7%)	17,000 (6.0%)	2,063 (0.7%)	0	77,448 (27.1%)	18,504 (6.5%)	58,944 (20.6%)	188,995 (66.2%)
2001	329,555 (100%)	27,614 (8.4%)	19,549 (5.9%)	8,065 (2.4%)	0	46,735 (14.2%)	13,505 (4.1%)	33,230 (10.1%)	255,206 (77.4%)

연도	총계	취업				연수			불법 체류자
		소계	전문취업	연수취업 (E-8)	비전문취업(E-9)	소계	해투 연수생	산업 연수생	
2002	362,597 (100%)	33,697 (9.3%)	21,506 (5.9%)	12,191 (3.4%)	0	39,661 (10.9%)	14,035 (3.9%)	25,626 (7.1%)	289,239 (79.8%)
2003	388,816 (100%)	200,039 (51.4%)	20,089 (5.2%)	20,244 (5.2%)	159,706 (41.1%)	50,721 (13.0%)	11,826 (3.0%)	38,895 (10.0%)	138,056 (35.5%)
2004	421,641 (100%)	195,664 (46.4%)	20,306 (4.8%)	48,937 (11.6%)	126,421 (30.0%)	36,555 (8.7%)	8,430 (2.0%)	28,125 (6.7%)	188,483 (44.7%)
2005	345,579 (100%)	126,497 (36.6%)	23,489 (6.8%)	50,703 (14.7%)	52,305 (15.1%)	38,290 (11.1%)	6,142 (1.8%)	32,148 (9.3%)	180,792 (52.3%)
2006	425,107 (100%)	194,195 (45.7%)	27,556 (6.5%)	51,517 (12.1%)	115,122 (27.1%)	44,108 (10.4%)	5,831 (1.4%)	38,187 (9.0%)	186,894 (44.0%)
2007	410,181 (100%)	180.684 (44.0%)	29,138 (7.1%)	50,742 (12.4%)	100,804 (24.6%)	38,140 (9.3%)	5,337 (1.3%)	32,803 (8.0%)	191,357 (46.7%)

자료: 노동부, 외국인 고용허가제시행 3주년 평가 및 제도개선방안연구에서 표 '외국인력체류현황추이'에서, 2007

외국인 고용허가제로 인하여 부족한 3D업종의 국내인력부족의 해소와 외국인 근로자의 권익보호와 불법체류근절로 고용질서 확립이라는 초기 목표에 어느 정도는 기여를 했다고 볼 수 있다. 외국인 고용허가제로 취업한 외국인 근로자가 제도 이후에 많이 늘어나게 되어 인력수급에 많은 효과를 보았고 또한 제도자체의 합법화와 이로 인한 불법체류자의 감소도 있어 외국인 근로자의 권익과 불법적 문제 해결에도 상당한 기여를 했다.

한국 정부는 2015년 기준으로 필리핀 몽골 베트남 등 총 15개국과 MOU를 체결했고 근로자 선정부터 알선까지 직접 주관하고 있다. 이에 따라 불법체류의 원인이었던 각종 비리와 브로커들의 활동이 줄었고 중소기업의 인력난을 해소하는 데 크게 기여했다는 평가를 받고 있다.

실제로 중소기업중앙회가 2015년 6월에 중소기업 773곳을 대상으로 설문 조사한 결과 74.9%의 기업이 외국인 근로자를 고용하는 사유로 '내국인 근로자가 없기 때문'을 꼽았다. 여전히 고학력 청년실업이 심각하지만 3D 업종과 중소기업은 기피되는 상황에서 외국인 고용허가제가 많은 중소기업에게는 소금과 같은 역할을 하는 것은 물론이고 불법 체류 문제도 해소하고 있는 것이다(동아닷컴, 2015). 제도이후 외국인 근로자의 수는 꾸준히 증가하여 2014년에 외국인 고용허가제로 입국한 외국인 근로자는 비전문취업과 방문취업을 합쳐 39만여명으로 추정되었다(연합뉴스, 2015).

다양성 관리의 측면에서 살펴보면 다양성 관리의 수준적 접근으로는 인구통계학적 수준의 인종 다양성을 정책적으로 적용한 것이다. 또한 초기 목표인 외국인 근로자의 노동권 보호는 차별철폐와 평등화 성격이 강하여 차별철폐 전략으로 볼 수 있고 적극적 고용개선제도와 마찬가지로 국가주도하의 규제이기 때문에 기업의 수동적인 대응이 예상된다. 무엇보다도 외국인 고용허가제 도입의 발단 자체가 차별철폐 전략이나 외국인의 권익보호보다는 부족한 3D 인력난의 해소나 불법문제 해결이기 때문에 다양성 관리 측면에서 지향하는 궁극적인 목표와 전략과는 상이하다.

3.2.3 장애인 의무고용제도

장애인 의무고용제도는 1982년 직업안정법 이후에 1984년 보건복지부가 '장애인 고용권장 지침'을 제정하여 보건복지부와 그 산하 단체가 장애인 고용에 솔선하도록 30명 이상의 직원이 있는 기관은 정원의 2%이상, 50명 이상의 직원이 있는 기관은 정원의 3% 이상의 장애인을 고용하도록 권장한 것이 그 시초라 하겠다(권경득 등, 2005).

이후 장애인고용촉진 및 직업재활법이 제정되고 여러 번의 개정을 거쳐 2009년 기준으로 국가 및 지방자치단체는 장애인 고용의무가 3%이고 3% 미달 시에는 신규 채용인원의 6%를 장애인으로 채용해야 한다. 그리고 50명 이상을 고용하는 공공기업 및 민간기업은 상시 직원의 2%를 장애인으로 고용해야 한다. 특히 100

명 이상의 공공 및 민간기업에는 의무고용률이 미달할 경우 부담금을 부과하도록 규제를 두었다.

또한 2010년에 고용노동부는 장애인 의무고용제도의 변경을 통하여 민간기업의 장애인 고용 부담금 및 의무고용인원 산정 시에 적용할 의무고용률을 2011년까지는 2.3%, 2013년까지는 2.5% 그리고 2014년까지는 2.7%로 확대, 적용하도록 하였다 (노동부, 2008; 고용노동부, 2010; 전광석, 2010).

장애인고용촉진 및 직업재활법은 도입 초인 1991년에는 의무고용률을 1%, 1992년에는 1.6%로 유예기간을 거쳐 1993년부터는 2%로 실질적으로 적용하였다. 제도 도입 시에 장애인 고용률이 0.4%였고 1990년대 후반까지의 장애인 고용률이 1%도 미치지 못하는 저조한 실적이었다. 그것은 기업들이 아직 장애인 고용을 사회적 책임의 문제로 인식하지 않았고 이질적인 부담으로 받아들였기 때문이었다. 그래서 대기업을 중심으로 고용부담금을 납부하는 방식을 선호하게 되었다. 사실상 그 부담금이 대부분의 기업들에게 실질적인 부담으로 느끼지 않은 것도 문제일 수 있다.

하지만 1999년 이후 장애인 고용률이 획기적으로 높아지게 되어 2000년도에는 1%대로 개선되면서 꾸준히 증가하였다. 이것은 1999년 산재장애인을 의무고용대상에 포함시켰고 장애인 범주의 확대로 인한 절대 장애인 수의 증가 그리고 장애인 고용촉진 5개년 계획 등의 정책적인 노력으로 장애인 고용환경을 조성하는 것에 기인된다(전광석, 2010).

이후 2009년까지 장애인 고용률은 해마다 꾸준히 상승해서 2009년 12월 기준, 정부 및 공공기업 그리고 의무고용사업체에 해당하는 모든 민간기업 전체의 장애인 고용률은 1.87%에 이르러 거의 기준 의무고용률인 2%에 가까워지게 되었다. 2006년에 장애인 고용률이 잠시 하락한 것은 장애인 의무고용제도의 적용제외직종이 대폭 축소되었기 때문이다.

정부 및 공공기업이 민간기업에 비하여 상대적으로 장애인 의무고용제도의 의무고용 준수에 더 적극적임을 알 수 있고 공공기업은 평균적으로 법적 의무고용률인 2%를 이미 넘어선 것으로 파악되었다. 그러나 정부부문은 2009년 기준으로 평균 장애인 고용률이 1.97%로 법적 의무고용률인 3%를 크게 미치지 못하고 있다. 장애인 의무고용 사업체에 해당하는 민간기업들 역시 평균 장애인 고용률이 1.84%로 법적 의무고용률인 2%에 미치지 못하였다(〈표 10〉 참조).

특히 제도이후에도 여전히 30대 대기업의 장애인 의무고용제도 이행률이 매우 저조해 장애인 고용과 권익보호에 대한 대기업들의 사회적 책임론이 부각되었다. 2014년 6월 기준으로 고용부가 발표한 저조한 민간기업의 명단을 보면, 30대 그룹의 경우 24개 그룹의 계열사 99개 기업이 모두 포함되었다. 이 중 15개 기업은 장애인을 한명도 고용하지 않은 것으로 나타났다(고용노동부, 2010; 에이블뉴스, 2015).

❙표 10❙ 장애인 의무고용제도로 인한 장애인 고용률 현황

(단위: 명)

연도	2003	2004	2005	2006	2007	2008	2009
총계	1.18	1.37	1.55	1.37	1.54	1.73	1.87
정부부문	1.87	2.04	2.25	1.50	1.60	1.76	1.97
공공기업	1.66	2.01	1.97	2.16	1.96	2.05	2.11
민간기업	1.04	1.29	1.45	1.32	1.51	1.70	1.84

자료: 고용노동부, '2009년도 장애인 의무고용현황'에서, 2010

장애인 의무고용제도의 도입 후, 전체적으로는 의무고용률에 미치지 못하지만 장애인 고용률이 해마다 꾸준히 증가하였고 부분적으로는 정부 및 공공기업이 솔선수범하는 자세를 보여주었다. 하지만 한국 경제사회의 기본 구조를 이루는 민간기업들이 장애인 의무고용제도를 준수하려는 노력이 부족함을 보였고 특히 장애인 의무고용제를 시행하고 있는 독일, 프랑스, 일본 등의 경우 대기업일수록 장애인 고용률이 높은데 반해 우리나라는 대다수의 대기업의 이행률이 현격히 낮은 것은 시사하는 바가 크다.

첫째, 장애인 의무고용제도가 여러 번의 제정과 개정을 통하여 정부차원의 노력에도 불구하고 아직 대기업을 중심으로 한 민간기업에게는 피하고 싶은 규제로 작용했다는 점이 크다. 둘째로는 자본주의 시장경제를 채택하는 한국은 기본적인 고용능력을 민간기업이 보유하고 있기 때문에 장애인 고용정책이 정부와 장애인 간의 단순구조로는 실효성을 거두기가 어렵게 된다(전광석, 2010).

장애인 의무고용제도를 다양성 관리의 측면에서 살펴보면 다양성 관리의 수준적 접근으로는 인구통계학적 수준에서 장애인에 해당하는 다양성 속성만을 정책적으로 적용한 것으로 여전히 낮은 수준의 다양성 관리 형태로 볼 수 있다. 또한 제도자체의 목표인 장애인의 고용과 권익보호를 위해 차별철폐적 성격이 강하기 때문에 다양성 관리의 전략적 접근에서는 차별철폐 전략으로 볼 수 있고 마찬가지로 국가주도하의 규제이기 때문에 자료에서 보여주었듯이 민간기업들은 여전히 미온적인 대응으로 일관하고 있다.

그러나 정부는 제도를 더욱 지속적으로 확대하고 있는데 반해 향후 민간기업들의 대응은 아직도 불투명하다. 이것은 장애인 의무고용제도가 제도자체의 문제점이기보다는 다양성관리의 전략적 측면에서 기업들의 지속가능경영의 전략으로 아직 받아들이기가 어려움이 있는 것으로 보인다.

3.3 다양성 정책의 비교와 시사점

본 장의 정책 연구에서는 기업차원의 다양성 관리 모델에서 국가차원의 다양성 과제인 평등고용 정책들을 중심으로 미국과 유럽 국가들을 살펴보았고 이러한 정책적 배경과 영향 하에 기업차원에서는 어떻게 대응하고 활용했는지 미국과 유럽에 본사를 두고 있는 기업의 다양성 통합 전략 사례를 살펴보았다.

그리고 또한 다양성 관련한 한국의 정책과 기업들의 대응 현황을 살펴보면서 다양성 관리의 이론적 틀 안에서 한국 기업의 다양성 현황과 향후 발전방향을 모색하고자 하였다.

국가차원의 다양성 정책들을 다양성 관리의 이론적 측면에서 살펴보면, 미국은 국가차원에서 적극적 조치의 기반은 그대로 유지하되 기업차원에서는 다양성 전략으로 전환하여 자발적으로 지켜질 수 있도록 유도하고 있다. IBM의 사례에서 보듯이 다양한 고객들로부터 기회를 창출하기 위해서는 기업자체가 다양성을 추구해야 한다는 인식이 많은 기업들에게 공감을 주어 다양성 통합 전략으로 전환되고 있다.

유럽도 마찬가지로 EC조약의 권고를 기반으로 각 국가자체의 평등고용 정책의 기조는 유지하면서 Royal Dutch Shell과 같은 글로벌 기업들을 중심으로 포용적 환경을 구축하는 다양성 통합 전략으로 전환하고 있다.

한편 한국은 동질화의 역사적 배경이나 전통적 사상으로 인해 국가차원의 다양성 정책들이 시기적으로 미국이나 유럽에 비해 늦게 도입되었지만 정책들 모두 소수그룹에 대한 사회적인 차별로부터 보호하고 고용과 인권보호를 목적으로 만들어졌다는 공통점에 주목할 필요가 있다. 특히 성, 외국인, 장애인 등 소수그룹 각각의 특징에 따른 제도를 별도로 제정하여 도입했다는 것은 오히려 다른 국가의 정책적 사례와 비교해도 꽤 구체적이라고 볼 수 있다.

이러한 국가차원의 평등정책이 기업차원의 차별철폐 전략으로 적용되고 있지만 제도적으로 대상이 되는 기업에만 엄격한 기준으로 적용되고 있고 많은 기업들이 아직 규제에 대하여 법적인 대응으로만 일관하고 있어 자발적으로 다양성 통합 전략으로 전환되기에는 어려운 실정이다. 따라서 국가차원의 다양성 정책이 전체기업에 뿌리를 내리면서 자율적인 다양성 관리로 유도할 수 있는 포괄적인 제도적 장치를 마련해야 할 것이다.

한국 기업들의 다양성 통합 전략에 대한 인식은 미국이나 유럽에 비해 많이 뒤쳐져 있다. 그러나 이러한 사실은 오히려 글로벌 정책 및 기업 전략을 보다 효율적으로 벤치마킹 할 수 있고 다른 한편으로는 한국의 특성을 고려하여 기업의 경쟁우위 창출을 위한 조직의 다양한 구성과 다양한 이해관계자와의 적극적인 파트너십 구축 등을 위한 정책을 모색하는 기회가 될 것이다.

결론적으로 다양성 관리 모델의 기반이 되는 국가주도의 평등고용 정책들을 미국, 유럽, 한국을 대상으로 검토하고 이것을 다양성 관리의 이론적 틀 안에서 비교하고 분석한 결과를 아래의 〈표 11〉과 같이 요약할 수 있다.

┃표 11┃ 다양성 정책과 다양성 관리의 이론적 접근의 비교

	미국	유럽	한국
법적 근거	적극적 조치를 중심으로 장애인법 등	EC조약을 근간으로 각 EU국가들의 평등고용 정책	적극적 고용개선제도, 외국인 고용허가제, 장애인 의무고용제도
정책 배경	인종차별문제	여성의 사회적 경제적 지위 향상을 위한 여성운동과 양성평등 원칙	남녀 고용차별 예방, 외국인 근로자의 노동권과 인권보호, 장애인의 권익보호
대상 집단	유색인종이 주요대상이고, 여성, 장애인, 출신국가, 신념 등 포함	대체로 여성이 주요대상이고 타인종, 종교, 신념, 신체장애, 연령, 성적지향 등이 포함되고 각 나라의 인구통계학적 요인에 따라 대상이 다름	여성, 타인종, 장애인이 주요대상
규제 수준	중간	중간	높음
기업 대응	대부분 자발적이나 일부 대상기업들에게는 강제적	각 국가들의 정책에 따라 상이하나 대부분 자발적	대상 기업과 엄격한 기준을 적용한 강제적
다양성의 수준적 접근	인구통계학적(인종, 성, 장애인, 국적) 다양성과 가치적(신념) 다양성	인구통계학적(인종, 성, 민족, 장애인, 나이 등) 다양성과 가치적(종교, 신념) 다양성	인구통계학적(성, 인종, 장애인) 다양성
다양성의 전략적 접근	차별철폐 전략 -〉 다양성 통합 전략 지원	차별철폐 전략 -〉 다양성 통합 전략 지원	차별철폐 전략

한편 본 정책 연구가 전략적 다양성 관리에 대한 중요한 문제제기와 대표적인 정책수단들, 대표적인 기업의 사례들을 점검하여 한국 기업들의 다양성관리에 대한 시사점을 도출하고자 노력했지만 다음과 같은 한계점이 있다.

첫째, 다양성 관리를 위한 기업전략과 국가차원의 정책에 대한 모델을 제시하였으나 문헌 중심의 연구 분석 방법으로 인해 기업전략의 차원과 성과에 대하여 일부 단편 문헌에서 보여준 사례들만을 제시한 한계가 있다.

둘째, 국내 정책들의 효과에 대한 통계자료의 제한으로 일부 최근 현황에 대하여 파악하지 못한 것이 한계가 있고 미국의 적극적 조치 성과 자료에서 차별률과 준수율의 정의가 불분명하여 결과를 정확하게 파악하지 못한 한계점이 있다.

셋째, 미국이나 유럽과 비교하여 한국의 정책들이 소수그룹에 대한 사회적인 차별로부터 보호하고 고용과 인권보호를 목적으로 만들어졌다는 공통적 배경에도 불구하고 기업들의 전략적 대응이 달라지는 원인을 좀 더 구체적으로 제시하지 못한 한계가 있어 향후 연구 과제로 제안한다.

마지막으로 EC조약을 근거로 한 유럽 국가들의 평등고용정책을 자료의 한계로 충분히 제시하지 못한 점이 있어 이 역시 향후 연구를 통해 더욱 깊이있는 분석이 필요하다.

또한 한국의 다양성 정책들이 단순히 정부주도적인 평등실현 조치들이므로 한국 기업들이 소극적인 태도를 보인다고 단정하기보다는 한국의 기업들이 국가의 정책적 기반 하에서 궁극적으로 다양성 통합 전략을 수용할 수 있는 조직적, 문화적, 전략적 관점의 적응력을 어떻게 향상시켜 효율성 추구 중심의 기업전략으로 발전시킬 것인지는 중요한 향후 연구과제가 될 것이다.

이를 모색하기 위해 다음 장에서는 다양성 통합 전략의 전략적 요인을 이론적 배경과 문헌을 기반으로 도출하였고 그 다음 장에서는 대표 사례기업을 대상으로 다양성 통합 전략의 전략적 요인을 기반으로 구체적으로 분석하고 검증하는 사례연구를 수행했다. 나아가 그 다음 장에서는 다양성 수준과 다양성 전략이 기업 성과의 미치는 영향을 연구하기위한 실증연구를 진행했다.

IV 전략적 다양성 관리를 위한 다양성 통합 요인

본 제4장과 제5장은 전략적 다양성 관리를 위한 사례연구로 앞에서 살펴본 다양성의 이론적 배경을 기반으로 제시했던 다양성 관리를 위한 기업 전략, 즉 다양성 통합 전략의 전략적 요인을 사례를 통하여 이론화하는 것이 주요 목적이다. 그리하여 다양성 통합 요인을 다양성 이론과 문헌을 통하여 귀납적 방식으로 이끌어내고 사례기업인 오라클의 다양성 전략 사례를 통하여 검증할 것이다. 그리고 사례에서 검증된 다양성 통합 요인을 이론적 명제로 제시하고 한국 기업에게 시사하는 바가 무엇인지를 살펴보고자 한다.

기업의 전략적 다양성 관리의 근원은 소수집단의 인권 보호를 목적으로 시행했던 국가 주도의 차별철폐 정책이었다. 하지만 정책 초기의 부분적인 실효성을 제외하고는 기업들의 수동적인 대응으로 단순한 덧붙임 현상으로 나타났다.

한편 기업의 내, 외부적으로 인구통계학적인 프로파일이 지속적으로 변함에 따라 노동 인력 구성과 고객 시장 구조의 변화가 일어나면서 적극적 대응의 전략적 다양성 관리인 다양성 통합 전략으로의 전환이 일어나게 되었다 (Castleberry-Singleton, 2009; Toops, 2009). 그리고 기업들은 다양성 통합 전략에 필요한 대내외적인 전략적 요인을 찾아 이행하였다.

4.1 다원화된 다양성 수준과 높은 다양성 환경

오늘날 다양성 통합 전략을 수행하는 기업들에게 다양성을 혁신과 효율성의 도구로 변화시키는 새로운 패러다임을 요구한다. 예를 들어 기업 내에서 스마트 기기와 소셜 네트워크 서비스(SNS) 등으로 무장한 신세대와 자유로운 영혼인 90년 학번 세대, 그리고 저항과 투쟁의 X세대와 전후 새마을 운동의 베이비붐 세대들이 조직 내에 공존하면서 어떻게 세대 간의 차이를 극복하고 장려하여 다양성의 가치를 창출할 것인지가 매우 중요하게 다루어져야 할 과제이다.

그리하여 기업에서의 다양성은 인종과 성을 포함하여 사람이 서로 다르게 여겨지는 모든 방식과 서로 유사하게 여겨지는 모든 방식을 포함하면서 어떻게 이 두 방식이 결합하여 생산적인 기업환경을 생성할 수 있는지를 의미한다. 여기에는 다양한 문화와 환경, 교육적 배경 등이 포함되고 다양한 시각과 선호도가 존재한다. 이것은 기존의 단순한 인구통계학적 다양성의 수준을 넘어 보다 정보적이고 가치적인 다양성을 지향하고 있다는 것을 의미한다. 그리하여 기업이 진정한 가치를 창출하기 위해서는 이러한 넓은 스펙트럼의 다양성을 어떻게 포용하고 통합하는가에 달려있다 (Dundas, 2008).

다양성 통합 전략을 주도적으로 이행하는 기업은 기업 문화와 가치기준 등에 따라서 다양성의 정의가 서로 약간씩 상이하지만 대체로 다양성을 외적인 면과 함께 내적인 모든 가치들을 포괄한 다원화 된 다양성 수준을 지향한다.

푸르덴셜 파이낸스의 최고 다양성 책임자인 Cheryl H. Reese는 '다양성은 사람이 유사하거나 다른 모든 점에 가치를 두는 것이고 기업의 다양성 전략은 다양성을 인적자원 관리와 비즈니스 프로세스에 결합하는 것'이라고 했다.

한편 아메리칸 익스프레스사의 최고 인력관리 책임자인 Patricia Rowell은 '다양성은 기업 활동에서 다름을 진정으로 장려하여 서로의 다른 문화, 성, 인종, 경력 및 교육적 배경 등에 의하여 기업의 가치를 창출하고 생산성을 높이는 것'이라고 정의하였다(Heffes, 2009).

한편 기업이 다양성 통합 전략을 수행하기 위하여 다원화 된 다양성 수준과 함께 기업의 다양성 환경을 높일 필요가 있다. 기업 내에서 다양성 자체가 목표는 아니고 실력주의 문화를 기반으로 다양성 통합 환경을 조성하는 것이 목표가 되어야 한다(Emrich, 2007).

기업 내에서 다양성 환경이 높을수록 직원들의 충성도가 증가하고 반대로 이직율은 감소한다는 연구 결과도 이것을 뒷받침해 주고 있다. 실제로 최근 기업의 다양성 관리의 추세는 인구통계학적 다양성에 국한하여 단순히 외부 조건에만 충족되는 소극적인 차원보다는 다양성의 주요 지표로써 다양성 환경을 더 강조하고 있다(Kaplan et al, 2011). 그리하여 기업들은 다양성 환경을 높이기 위한 여러 제도를 도입하고 성과를 올리고 있다.

다양성 환경의 사례로써 존슨앤존슨(이하 J&J) 그룹은 전체 계열사의 임직원을 대상으로 견고한 탄력근무시간(Flexible Time)제로 유명하다. 조직원의 다양한 인구통계학적인 특성뿐만 아니라 가정의 형태와 선호도에 따라 자율적인 탄력근무시간제의 시행으로 높은 다양성 환경을 조성하게 되었다. 결과적으로 더 높은 생산성과 매출 그리고 높은 만족도를 이루어 내었고 이러한 성과는 모든 J&J 계열사에서 동일하게 나타나면서 주변의 기업들이 탄력근무시간제의 모범사례로 벤치마킹을 하고 있다(Dundas, 2008).

또한 아메리칸 익스프레스사는 일과 생활의 통합 원리(Work-life integration principles)를 제정하여 특히 여성 직원들이 더욱 열린 환경에서 유연한 직장 생활을 하도록 다양성 환경을 조성하였다(Heffes, 2009).

| 그림 13 | 아메리칸 익스프레스사의 일과 생활의 통합 원리(Work-life integration principles)
(자료: 아메리칸 익스프레스사의 Website)

4.2 다양한 고객 및 이해관계자와 지속적인 파트너십 유지

오늘날의 기업이 다양성 통합 전략을 추구하는 중요한 외부적 요인으로 다양한 고객과 파트너를 확보하고 지속적으로 관계를 개발하여 기업의 성과를 극대화하는 것이다(Delong, 2007).

이것은 Ely와 Thomas(2001)의 세 가지 다양성 관점 중에서 접근과 합리의 관점이 이론적 기반이 되며 기업이 속한 산업의 시장과 고객, 이해관계자들은 다양하다는 인식에서 시작한다. 그리하여 기업은 다양성을 고객에 대한 접근이나 시장개척과 같은 거래관계구축 등의 조직 목표를 위하여 활용해야 한다. 즉 기업 내 다양한 배경과 역량을 가진 인력들이 기업의 가치사슬에 연계되어 있는 다양한 이해관계자들과 지속적으로 파트너십을 유지하는 것이 기업성장의 핵심이면서 다양성의 가치를 활용하는 것임을 의미한다(Ely &Thomas, 1996; 성상현, 2006).

앞서 살펴본 IBM은 Lou Gerstner 회장의 주도로 태스크포스를 가동하면서 다양성 전략을 시행하였다. 그는 다양성은 시장 기반의 문제로 다양하고 다문화적 시장을 이해하는 것에서 시작해야 한다고 했다. 그리고 이성적 인식의 전환(Philosophical Shift), 즉 차이를 최소화해야 된다는 오래된 인식에서 벗어나 반대로 차이를 극대화하여 사업의 기회로 활용해야 한다는 것이다.

또한 기존의 차별철폐주의적인 인식에서 다양성 학습을 통한 사업의 기회로 전환하는 건설적 붕괴를 말했다. 결과적으로 조직의 다양성을 곧 고객의 다양성으로 전환하여 새로운 시장을 개척하는 사례를 남기게 되었다(Thomas, 2004).

또한 각기 다른 배경을 가진 다양한 세대들이 시장의 이해관계자로 공존하면서 기업의 가치는 이해관계자들의 다양성을 어떻게 기업의 전략에 통합하고 만족시키느냐에 달려있다(Dundas, 2008). 특히 전통적으로 획일화 된 기업구조를 가진 한국 기업의 차원에서 급속하게 증가하는 외국인 이해관계자들의 다문화적 요구사항과 글로벌 시장 개척을 위한 다양성 전략은 수용해야 할 주요 과제이다.

그리하여 글로벌 기업경영에서 다문화 이해능력, 즉 다른 문화를 이해하고 수용하는 과정 속에서 창조적이고 지속가능한 해법을 찾고 사업의 기회나 최적의 의사결정에 이르게 하는 능력을 필요로 한다. 이것은 현대 경영에서 말하는 인내와 감각 경영과는 다른 차원의 경영이다.

한편 기업이 성공적인 다양성 프로그램을 수행하기 위해서 기업내부의 다양성 전략이 외부의 이해관계자에게 드러나고 영향을 미치도록 지속적인 유지가 필요하다. 이것은 결과적으로 이해관계자의 사업적인 의사결정에 긍정적인 영향을 주게 되면서 선 순환적 네트워크 구조를 형성하게 된다(Heffes, 2009).

패스트푸드 업체인 맥도날드는 전 세계 117개 국가에서 약 6천만 명의 직원이 근무하고 있다. 맥도날드는 다양성 통합 전략을 위한 3가지 다양성 지침, 즉 다양성 교육, 경영진의 몰입, 그리고 직원 네트워크를 철저히 따르고 있다. 맥도날드의 다양성 최고 책임자인 Patricia S. Harris는 '맥도날드에서는 다양성은 모든 사람의 비즈니스입니다. 카운터의 양쪽파트 모두에게 성의와 존경을 다하는 것이지요. 즉 다양성은 맥도날드의 사업 그 자체이고 여기에 참여하는 모든 사람은 존중을 받게 됩니다. 이러한 다양성 전략은 목표가 아니라 지속적으로 수행해야 할 여행입니다'고 했다.

이러한 철학은 결과적으로 맥도날드가 흑인 커뮤니티를 위한 최고의 기업(Black Enterprise's Best Company)으로 선정되는 계기가 되었고 직원의 70% 이상이 여자와 소수그룹으로, 매니저의 거의 절반이 소수그룹으로 구성 되었다. 또한 이러한 다양성의 지침과 프로그램이 다양한 외부 이해관계자들과 연계되어 맥도날드의 공급 협력업체들 중 55%가 소수그룹이나 여성이 소유한 사업체로써 이들로부터 매년 약50억불의 자재를 공급받고 있다〈그림 14〉 (Brown & Mack, 2011).

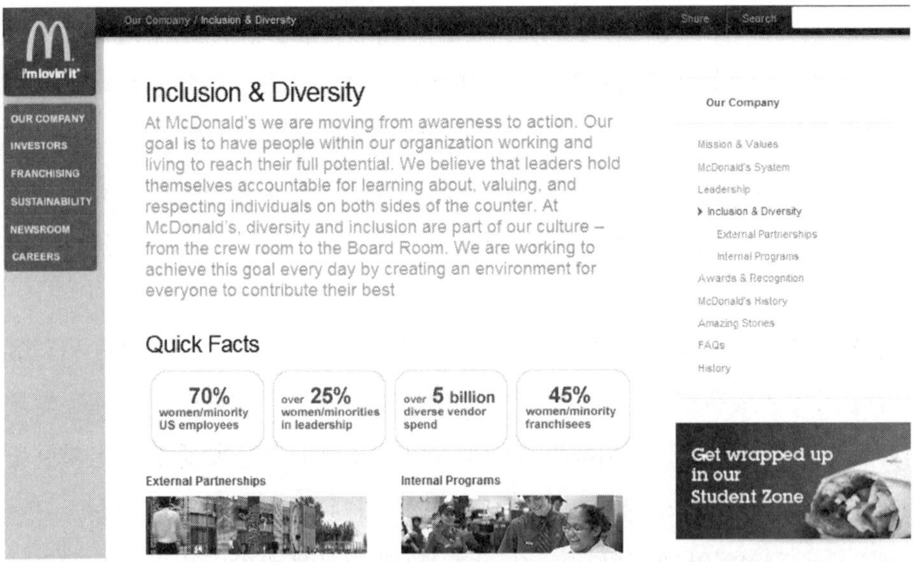

❙그림 14❙ 맥도날드의 Inclusion & Diversity(자료: 맥도날드의 Website)

4.3 글로벌 다양성 지향

포춘 500대 기업을 대상으로 글로벌 다양성에 관한 설문조사에서 거의 대부분의 기업이 글로벌 다양성을 '중요한' 또는 '매우 중요한' 사안으로 인식했다. 하지만 그 중에서 약 50%의 기업이 다양성 전략을 수립할 때 글로벌의 이해관계자들을 고려하고, 39%의 기업이 다문화에 관한 교육 프로그램을 전 직원을 대상으로 실시하며 약 27%의 기업만이 글로벌 다양성의 목표와 성과를 주기적으로 평가한다고 했다.

또한 다수의 글로벌 기업이 글로벌 다양성을 이행하면서 실패를 겪고 있다. 그 이유는 첫째, 주로 본사에서 수립된 다양성 전략과 제도를 그대로 해외의 모든 지사에 똑같이 적용하려는 오류를 범하기 때문이다. 둘째는 글로벌의 맥락에서 다문화의 문제를 해결하고자 하는 노력이 부족했기 때문이다. 예를 들어 다문화를 이해하는 능력의 개발이나 언어나 문화적 장벽을 넘어서 정보를 교류하는 능력 또는 글로벌 차원의 인재 개발 노력이 결여되었기 때문인 것이다 (Dunavant & Heiss, 2005).

그리하여 Nishii와 Ozbilgin 박사팀(2007)은 글로벌 다양성 관리의 이론적인 모델을 개발하였다. 먼저 글로벌 다양성을 4가지로 정의했는데 첫째는 글로벌 지사에 대한 포용 정책으로 각 지역 비즈니스 문화의 이해와 의사결정 권한 부여 등이 해당된다. 둘째는 유연한 인사 관리 정책으로 해당 지역의 정책과 제도에 따른 인사 정책을 수행하는 것이다. 셋째는 해당 지역의 문화적 맥락에서 다양성 정책을 수립하는 것으로 종교나 성, 인종과 같이 지역적으로 민감한 다양성을 인식하는 것이다. 마지막으로는 글로벌 차원의 인재 개발이 해당된다.

또한 글로벌 다양성 정책이 올바로 시행되면 다음의 성과가 가능해진다고 하였다. 첫째, 글로벌 차원의 지식 창출과 지식 교류가 가능해지고 둘째, 다양성의 이해로 효율적인 다문화 팀이 구성될 수 있다. 셋째, 다양한 지식과 학습촉진으로 서비스나 기술의 혁신을 이룰 수 있고 마지막으로 포용적 환경으로 직원의 충성도가 높아진다고 했다.

앞서 살펴본 Shell의 글로벌 다양성 사례는 Nishii와 Ozbilgin 박사팀이 제시한 글로벌 다양성 관리의 이론적인 모델에 부합하는 성공적인 다양성 전략을 보여주었다.

초창기의 Shell도 다른 글로벌 기업들이 경험했던 글로벌 다양성의 실패 사례를 그대로 겪었다. 즉 본사에서 수립된 다양성 전략과 제도를 그대로 해외의 모든 지사에 똑같이 적용하려는 오류를 범했기 때문이다. 다양성을 평등고용기회와 같은 규제 대응적인 방식으로 그리고 글로벌 전체 지사에 동일하게 적용하면서 미국 등 일부 지역에서는 실효성이 있었지만 법적 규제가 약한 유럽이나 아프리카 지역에서는 통하지 않았음을 인식하게 되었다.

결국 D&I 표준을 수립하여 각 지역에 적합한 문화와 제도적 장치의 기반 하에 직원들이 최대 역량을 발휘할 수 있는 포용적인 환경을 구축하게 되었다. 또한 글로벌 D&I 목표를 수립하여 여성 관리자 비율을 끌어올리는 노력과 주요 리더들을 해당 국가에서 임명하는 목표, 그리고 매년 전 직원을 대상으로 다양성과 포용 지표에 해당하는 설문조사를 실시하여 보완하고 관리하는 제도를 두는 등 글로벌 다양성의 기준을 마련하였다.

한편 별도의 글로벌 D&I 전문조직을 설립하여 D&I의 모범 비즈니스 사례를 만드는 것과 D&I 전략을 비즈니스 관리 프로세스에 통합하는 역할을 하도록 하여 글로벌 다양성 관리의 좋은 사례를 남기게 되었다(Sucher & Corsi, 2011).

이상에서 논의한 다양성 통합 전략의 핵심 요인을 〈표 12〉로 요약하였다.

| 표 12 | 다양성 통합 전략의 주요 핵심 요인

다양성 통합 전략 요인	이론적 배경	다양성 사례
다원화된 다양성과 높은 다양성 환경 조성	* 작업장의 다원적 다양성 모델(Karma & Vedina, 2009) * 다양성 환경 이론 (Kossek & Zonia, 1993)	* 존슨앤존슨의 탄력근무시간제 사례 * 아메리칸 익스프레스사의 일과 생활의 통합 원리
다양한 고객 및 이해관계자와 지속적인 파트너십 유지	* 세 가지 다양성 관점 이론 (Ely & Thomas, 2001)	* IBM의 다양성에 의한 시장 개척 사례 * 맥도날드의 다양성 조직과 파트너십 사례
글로벌 다양성 지향	* 글로벌 다양성 관리 모델 (Nishii & Ozbilgin, 2007) * 글로벌 다양성 이론 (Dunavant & Heiss, 2005)	* Shell의 글로벌 다양성 사례

V 오라클의 다양성 전략 사례

5.1 사례 조사 방법

기업차원의 다양성에 관한 선행 연구는 수준별 다양성 관리, 다양성과 성과의 관계, 상황에 따른 다양성, 다양성 문화와 협력관계 등 개별적인 다양성을 주제로 인과 관계를 연구해왔다. 하지만 다양성 통합 전략과 같이 포용을 포함하여 통합된 시각으로 기업의 다양성을 연구한 사례는 찾기가 쉽지 않았다.

본 사례는 앞서 이론적 배경과 여러 문헌을 통하여 도출된 다양성 통합 전략의 필수 요인들을 사례기업인 오라클의 다양성 전략과 비교, 분석하여 이론적 명제로 제시하고자 한다.

오라클을 사례 기업으로 선택하게 된 이유는 첫째, 대규모의 글로벌 비즈니스 영역과 조직을 보유하고 있어 좀더 복잡한 형태의 다양성 관리를 연구할 수 있을 것으로 기대했기 때문이다. 오라클은 전 세계의 145개국에서 약 420,000의 기업 고객을 대상으로 비즈니스를 수행하고 있고 조직 내의 다양한 인구통계학적 인력구조와 각 나라와 지역의 문화적 특성에 따라 다르게 적용하는 광범위한 다양성 관리를 연구할 수 있다. 그 뿐만 아니라 다양성의 연구 대상을 고객 및 파트너, 커뮤니티 등의 네트워크로 확대할 수 있어 연구의 범위와 깊이가 객관성을 확보하기에 용이할 것으로 기대했기 때문이다.

둘째, 선진적인 글로벌 기업의 다양성 전략을 살펴보는 것이 한국 기업들에게 글로벌 과정에서 확보해야 하는 현지위주의 인사전략과 다양성 전략에 필요한 요인들을 찾는데 도움이 될 수 있을 것이며 또한 윤리경영이나 지속경영을 넘어 보다 현실적인 상생경영을 요구하는 한국 기업의 특성에 맞는 다양성과 포용 전략을 계획하는데 참고가 될 수 있기 때문이다.

마지막으로 국내에 많이 알려지지 않은 오라클에 대한 사례연구에 있어 필자가 조직 내에서 직접 현상을 체득하고 관련 이해관계자와의 교류를 통해 다양성 전략과 활동들의 깊이 있는 분석이 가능하여 이를 기반으로 유용한 이론을 개발할 수 있기 때문이다.

본 사례연구에 필요한 정보는 사례연구 수행을 위한 프로토콜을 먼저 수립한 후, 사례기업의 다양성 전략의 기초 및 상세자료를 수집하고 다양성 관련 핵심 담당자와의 인터뷰를 통하여 보완하였다.

구체적인 수집방법으로 먼저 사례의 배경이 되는 사례기업의 기본정보는 지속가능경영 보고서인 'Corporate Citizenship Report'의 내용을 활용하였다. 다양성에 대한 사례기업의 전략과 비전, 활동 등은 사례기업의 사내 다양성 웹사이트와 홈페이지(www.oracle.com)를 통하여 수집하였다. 더 필요한 정보들은 사례기업 본사의 다양성 팀(Diversity & Inclusion)의 팀장과 인터뷰를 통하여 보완하거나 관련 자료를 메일을 통하여 전달받았다.

본 사례연구의 연구설계가 논리적인지를 검증하기 위하여 사회과학의 보편적인 연구방법으로 이용되는 네 가지 검증 방법을 이용했고 이를 〈표 13〉에서 제시하였다(Kidder & Judd, 1986; Robert, 2003).

| 표 13 | 본 사례연구설계 검증을 위한 네 가지 방법과 전술

검증	사례연구 전술	본 사례 적용 방법
구성타당성 (Construct Validity)	* 다양한 자료원 * 사례 검토를 위한 중요 정보제공자	* 사례기업의 웹사이트, 내부자료, 사례기업의 Corporation Citizenship Report, 다양성 팀 팀장과의 인터뷰 및 전자메일 질의 등 참여관찰 * 본 사례 연구 초안과 자료를 사례연구 전문가에게

검증	사례연구 전술	본 사례 적용 방법
	확보	보여주고 여러 번의 상세 검증과 수정을 거쳤고 또한 오라클 지사의 관련 담당자에게 확보된 증거자료의 내용검증
내적타당성 (Internal Validity)	* 인과관계 설명	* 다양성 이론에서 도출한 다양성 통합 요인을 사례기업의 다양성 전략과 비교하고 검증을 통하여 이론적 명제를 제시
외적타당성 (External Validity)	* 선행연구이론을 적용	* 다양성 관리의 선행이론을 통하여 다양성 통합 전략의 필수적인 요인을 도출하고 사례기업에 적용하여 비교, 분석함
신뢰성(Reliability)	* 사례연구 프로토콜을 사용	* 본 사례의 프로토콜 상에 연구목적을 명확히 제시하여 이를 근거로 자료수집 절차를 수립하고 인터뷰에 필요한 질문사항을 미리 작성하고 인터뷰 수행

자료: Case Study Research : Design and Methods(Robert K. Yin, 2003)에서 방법론 인용

5.2 오라클의 다양성 전략 사례 개요

오라클은 1977년 초대 CEO인 래리 엘리슨이 창립한 이래로 지난 수 년 동안 데이터베이스, 미들웨어, 어플리케이션 등 기업형 소프트웨어의 글로벌 선두 주자의 자리를 지켜왔다. 2010년에는 썬마이크로시스템을 인수하면서 기존의 기업형 소프트웨어와 썬마이크로시스템의 하드웨어를 결합하여 다른 경쟁사들이 제공하기 힘든 최고 성능의 기업형 IT 어플라이언스를 개발하여 출시하고있다. 그리하여 최근 오라클은 '세계에서 가장 완성도가 높고 개방형이며 통합된 비즈니스 소프트웨어와 하드웨어 시스템을 보유한 회사'로 자신을 소개한다. 실제로 오라클은 다음의 분야에서 글로벌 1위의 자리를 지키고 있다.

응용 서버(Application server), 비즈니스 분석(Business analytics), 데이터베이스(Database), Database on Linux and UNIX, 데이터웨어하우스(Data warehouse), 임베디드 데이터베이스(Embedded database), 엔지니어드 시스템(Engineered systems), 기업성과관리(Enterprise performance management),

리드관리(Lead management), 마케팅 자동화(Marketing automation), 미들웨어(Middleware), 공급망 계획및 수행(Supply chain planning and execution), 재능 관리 및 리크루팅(Talent management and talent recruiting).

오라클은 미국 캘리포니아 주의 Redwood Shores에 본사를 두고 전 세계 145개국에서 비즈니스를 진행하고 있고 2014년 기준으로, 정규직원 수는 약 120,000명이고 지역별로 구분하면 미주지역에 약 53,000명, 아프리카, 중동 및 구주지역에 약 23,000명, 아태지역에 약 44,000명이다. 2014년 오라클의 연 매출은 약 383억 불이고 금융, 제조, 통신, 미디어, 생명과학, 공공 등에 이르는 전 산업에 거쳐 약 420,000 기업을 고객으로 보유하고 있다. Fortune 100에 해당하는 대부분의 기업이 오라클의 고객이다.

〈표 14〉는 사례 기업의 현황을 요약한 것이다.

표 14 사례 기업 개요

정규 직원 수	약 120000명
현 CEO	Safra Catz
2015년 회계연도 매출	382 억불
본사 위치	미국 캘리포니아 주 Redwood Shores
사업 영역(국가)	* 전세계 145개국, * 주요 거점 국가: 미국, 영국, 일본, 독일, 캐나다, 인도, 프랑스, 호주, 브라질, 네덜란드, 루마니아, 아일랜드
2014년 포춘지 순위	82
주요 제품	데이터베이스, 미들웨어, 어플리케이션, 서버, 스토리지, 컨설팅 및 지원
주요 산업 영역	금융, 제조, 통신, 미디어 및 엔터테인먼트, 유틸리티, 공공, 교육, 생명과학, 헬스케어, 여행 및 운송, 컨슈머 제품, 항공 및 국방, 자동화, 서비스, 천연자원 등
회계연도 기간	6월 1일 ~ 5월 31일

자료: 오라클 Corporate Citizenship Report(2014)과 Oracle Fact Sheet(2015) 의 내용을 참조하여 구성

5.2.1 오라클의 다양성 전략

오라클은 다양성을 다층적(Multilayered) 개념으로 본다. 즉 인종이나 성, 태생과 같이 인구통계학적이나 표면적 측면을 넘어 배경이나 문화, 사상, 관점의 차이를 포용해야 하는 것으로 간주한다. 그리하여 오라클은 다양성을 조직 구성원 각자의 차이를 가치화하는 것으로 정의한다. 또한 포용은 이러한 다양한 인력들이 효과적으로 관여하고 조화를 이루도록 하는 실천양식으로 정의한다. 즉 오라클의 다양성은 수준적 측면에서 인구통계학적 다양성을 넘어 정보적, 가치적 다양성의 차원으로 다원화된 다양성을 전개하고 있음을 의미한다.

오라클의 다양성 비전은 기업 안에서 모든직원이 포용되는 환경을 조성하는 것, 즉 다양성 환경을 만드는 것부터 시작한다. 기업 내 인력 각각의 차이는 모든 비즈니스 문제들을 다양한 관점으로 볼 수 있게 하는 기회를 제공함으로 더 명민하고 창조적인 아이디어가 개발될 수 있는 환경을 조성하면서 공통의 목표에 집중하는 조직을 만드는 것이다.

오라클은 글로벌 조직을 생산적이고 역동적으로 운영하기 위하여 포용을 필수적인 핵심역량으로 여기고 상호존중과 효과적인 의사소통으로 다양성을 가치화하는 것을 중시하고 있다. 그리하여 오라클의 다양성 비전은 전 세계 오라클 네트워크의 실천양식이면서 또한 시장에서 가장 유능하고 최고의 인재들을 보유할 수 있는 원동력이 되기도 한다.

이러한 포용의 철학은 중요한 이해관계자인 오라클의 고객과 파트너 네트워크로 넓혀나가 다양한 층의 고객과 파트너의 관계 형성에 기여하고 있다. 오라클은 다양성 비전을 실행하기 위하여 포용과 존중이라는 주제를 가지고 매 분기마다 기업 내 외의 모든 이해관계자에게 다양성의 활동과 실천양식들을 전달하고 피드백을 통하여 다양성 전략을 점검하고 있다.

오라클의 다양성 전략은 다양성 통합 전략의 측면에서 비교하면 다음의 전략적 요인들과 부합한다. 먼저 오라클의 다양성 비전에서 언급하고 있는 포용되는 환경은 앞서 언급한 다양성 통합 환경을 의미한다. 즉 오라클의 다양성 전략은 낮은 수준과 소극적 차원의 다양성을 목표로 하는 것이 아니라 다원화된 다양성을 고려한 높은 다양성 환경을 주요 지표로 삼고 실력주의 문화를 창출하고자 하는 것이다.

다음으로는 오라클의 포용 전략을 고객과 파트너 네트워크로 확대하여 넓혀가고 있다는 점이다. 이는 다양한 고객층과 파트너를 확보하여 기업의 성과에 기여하는 한편 이들 이해관계자의 다양성 전략에도 영향을 미칠 수 있다는 점이다. 〈표 15〉는 오라클의 다양성 전략과 다양성 통합 전략을 비교, 요약한 것이다.

▌표 15▐ 사례기업의 다양성 전략 비교

	사례기업의 전략 내용	다양성 통합 전략과 비교
다양성 개념	다층적	다원적 수준의 다양성과 유사
다양성 정의	조직 구성원 각자의 차이를 가치화	문헌연구 단계에서 도출된 다양성 정의와 유사
포용의 정의	다양성이 효과적으로 조직 내에서 관여하도록 하는 실천양식	문헌연구 단계에서 도출된 포용의 정의와 유사
다양성 비전	기업 내에서 포용되는 환경을 조성하는 것	다양성 환경과 유사

자료: 오라클 홈페이지 내 다양성 웹사이트와 사내 다양성 팀에서 제공한 자료를 참조하여 구성

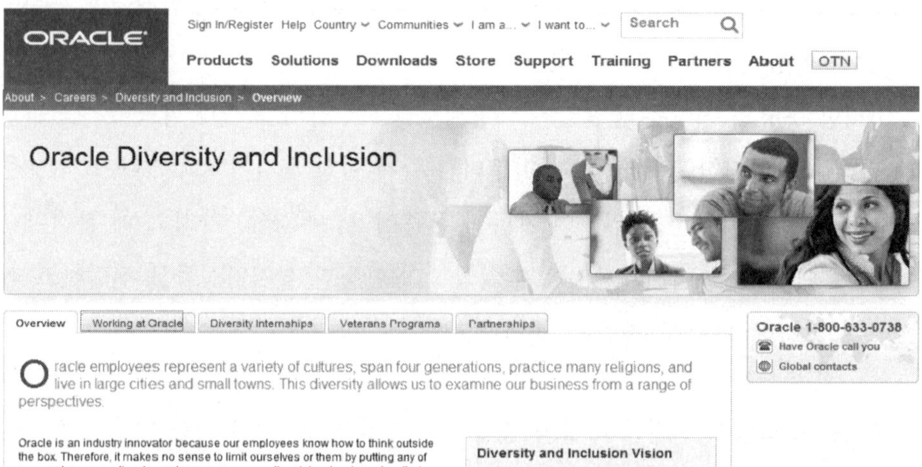

▌그림 15▐ 오라클 Diversity & Inclusion Website(오라클 홈페이지 내 다양성 웹사이트)

5.2.2 오라클의 다양성 활동

오라클은 다양성 비전과 원칙을 가지고 기업 내 문화, 종교, 철학, 성, 장애 등 모든 다원화된 다양성을 장려하고 존중한다. 이러한 다양성이 전략적인 다양성 관리를 통하여 오라클의 일상적인 비즈니스에 동화되도록 노력하면서 다음과 같은 다양성 프로그램을 진행하고 있다.

첫째, 친화력 그룹 활동(Employee Affinity Groups)이 있다. 오라클은 조직 내에서 다양성과 차이를 장려하기 위하여 소수그룹이나 특정인종, 종교단체 등의 행사나 기념일을 기업차원으로 확대하여 실행하고 직원들의 다양한 풀뿌리(Grass Roots) 운동과 네트워크 활동을 지원하고 있다.

Employee Resource Groups(이하 ERGs)은 다양성 미션에 부합하는 특정 소수그룹의 공식 리더십 조직으로 고위임원의 스폰서십이 따른다. African-American Business Leaders for Excellence (이하 ABLE)과 Hispanic Oracle Leadership Association (이하 HOLA)이 ERGs에 해당한다. Affinity Groups (이하 AGs)은 ERGs와 유사하지만 리더십 조직이 아니고 단지 공통관심사 중심으로 만들어진 조직들이다. 예를들어 모슬림 조직이나 LGBT 조직이 해당된다.

ERGs나 AGs 조직은 사내 글로벌 조직으로써 멤버들은 소속 팀이나 본부, 근무하는 지역에 상관없이 서로 다양한 관심사나 이익, 기회 등을 공유하고 교류할 수 있다. 특히 경력 개발이나, 네트워킹 지원, 커뮤니티 활동, 멘토링 등이 활발하게 일어나고 있다〈그림 16〉.

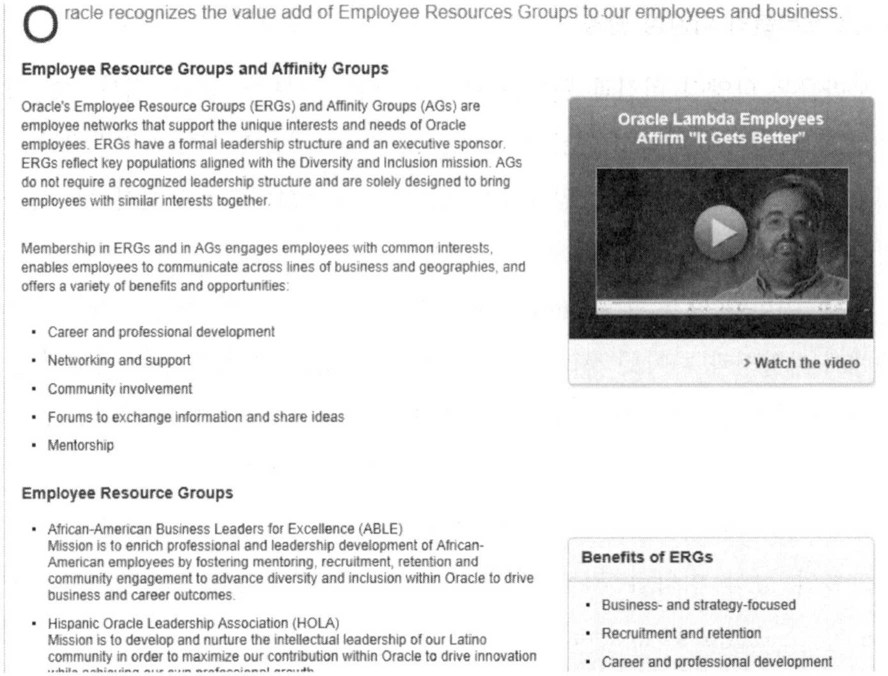

Oracle recognizes the value add of Employee Resources Groups to our employees and business.

Employee Resource Groups and Affinity Groups

Oracle's Employee Resource Groups (ERGs) and Affinity Groups (AGs) are employee networks that support the unique interests and needs of Oracle employees. ERGs have a formal leadership structure and an executive sponsor. ERGs reflect key populations aligned with the Diversity and Inclusion mission. AGs do not require a recognized leadership structure and are solely designed to bring employees with similar interests together.

Membership in ERGs and in AGs engages employees with common interests, enables employees to communicate across lines of business and geographies, and offers a variety of benefits and opportunities:

- Career and professional development
- Networking and support
- Community involvement
- Forums to exchange information and share ideas
- Mentorship

Employee Resource Groups

- African-American Business Leaders for Excellence (ABLE)
  Mission is to enrich professional and leadership development of African-American employees by fostering mentoring, recruitment, retention and community engagement to advance diversity and inclusion within Oracle to drive business and career outcomes.
- Hispanic Oracle Leadership Association (HOLA)
  Mission is to develop and nurture the intellectual leadership of our Latino community in order to maximize our contribution within Oracle to drive innovation

Oracle Lambda Employees Affirm "It Gets Better"

> Watch the video

Benefits of ERGs

- Business- and strategy-focused
- Recruitment and retention
- Career and professional development

I 그림 16 I 오라클의 친화력 그룹들 (자료: 오라클 홈페이지 내 다양성 웹사이트)

Workforce Development Program

The Oracle University Workforce Development Program (WDP) is a global program with over 140 partner schools in North America. Partner schools range from large universities to small and midsized private training companies.

US Awards and Recognition

- 2015: HRC Corporate Equality Index, 100% rating
- 2015: "Top 50 Employer" List in *Minority Engineer Magazine*
- 2015: Top 50 Employers in *Woman Engineer Magazine*

I 그림 17 I 북미 오라클의 다양성 지표들 (자료: 오라클 홈페이지 내 다양성 웹사이트)

둘째, 사회적 책임을 위한 투자 프로그램(Social Investment Programs)으로 다양한 사회적 커뮤니티와 협력 관계를 맺으며 교육과 경제적 기회를 증진시키기 위한 프로그램을 제공하고 있고 이를 통하여 높은 다양성 환경을 조성하고 있다. 이것은 지속 가능한 성공적인 비즈니스는 주변 다양한 커뮤니티들과의 좋은 관계 형성을 통하여 극대화될 수 있다고 오라클은 믿고 있기 때문이다〈그림 17〉.

Oracle Women's Leadership(이하 OWL)은 현재와 미래의 오라클 여성 리더십 개발을 위하여 2006년 설립한 글로벌 여성 커뮤니티이다. 18명의 오라클 고위 여성 리더들이 스폰서하여 여성을 위한 다양한 네트워킹과 멘토링, 교육 프로그램으로 구성된다. OWL은 2014년 현재 41개 나라에 7000명 이상의 오라클 임직원이 활동을 하면서 약 70개 이상의 커뮤니티를 이루고 있다〈그림 18〉.

그 밖에도 소수그룹에 속하는 장학재단 지원프로그램이나 전쟁에 참여했던 재향군인 교육프로그램 등의 활동을 진행하고 있다〈그림 19〉.

▌그림 18▐ OWL 활동 (자료: 오라클 홈페이지 내 다양성 웹사이트)

| 그림 19 | 오라클이 지원하는 장학재단 (자료: 오라클 Corporate Citizenship Report(2014))

셋째, 공급자 다양성 프로그램(Supplier Diversity Program)으로 오라클에 각종 서비스와 제품을 공급하는 공급자들이 기본적으로 공정경쟁을 통하여 선택되도록 하면서 다양성의 기준을 고려한 프로그램이다. 즉 다양성과 포용의 측면에서 우선적으로 소규모 또는 소수그룹의 업체를 위주로 선정할 수 있도록 제도적인 장치를 마련했다. 이것은 오라클 비즈니스의 성공에 있어 주변의 이해관계자, 즉 고객이나 파트너, 관련 커뮤니티와의 긍정적 관계형성이 중요한 요소가 되기 때문이다.

마지막으로 오라클 내에서 수행되는 대부분의 다양성 활동이나 프로그램 현황은 매월 발간되는 오라클 내 다양성 웹 잡지인 Dimensions of Diversity를 통하여 전 직원과 공유하고 피드백을 받고 있다. 〈표 16〉은 오라클의 대표적 다양성 활동들을 정리한 것이다.

| 표 16 | 사례기업의 다양성 활동

다양성 활동	세부 활동	내용
친화력 그룹 활동(Employee Affinity Groups)	Black History Month (매년 2월) 기념	흑인이자 미국인 중에서 역사적으로 위대한 업적을 세운 전, 현직 인물들을 기념
	자긍심의 주(Pride Week, 매년 6월) 지원	LGBT 커뮤니티의 행사를 지원
	라마단 이벤트 지원	사내 모슬림 커뮤니티의 라마단 이벤트를 지원
	디왈리 행사 지원	인도의 대표적인 빛의 축제인 디왈리(Diwali)를 기념하고 관련 행사를 지원
사회적 책임을 위한 투자 프로그램(Social Investment Programs)	Project HIRED	장애인을 위한 기술 교육 및 고용 프로그램
	오라클 수화 서비스(Oracle Interpreter Service, 이하OIS)	오라클의 임직원 중 언어 장애인이나 청각 장애인의 업무를 도와주기 위한 수화 서비스
	오라클 여성 리더쉽 프로그램(Oracle Women's Leadership, 이하OWL)	여성 임직원들에게 리더십 기술을 개발하도록 교육과 멘토링 프로그램을 제공하고 비즈니스 네트워크 지원
	장학재단(Scholorship) 지원 프로그램	미국 흑인대학 장학재단(The United Negro College Fund, 이하 UNCF) 등 여러 장학재단에 장학금 및 기술 교육을 제공
	재향군인 교육 프로그램(Veteran Program)	전쟁에서 부상당한 재향군인들을 대상으로 다양한 인턴십과 기술교육을 제공하고 수료자들을 채용
공급자 다양성 프로그램(Supplier Diversity Program)	소규모 또는 소수그룹의 공급자 다양성 프로그램	공급자 다양성 프로그램의 웹사이트를 통하여 해당하는 소규모 또는 소수그룹의 공급 업체를 선정하고 오라클의 임직원이 해당 업체들을 활용할 수 있는 기준 마련
기타 다양성 활동	Dimensions of Diversity (매월 발간)	다양성 활동이나 프로그램 현황을 매월 전 임직원과 공유하고 피드백

자료: 오라클 홈페이지 내 다양성 웹사이트와 사내 다양성 웹사이트 그리고 오라클 Corporate Citizenship Report(2014)의 내용을 참조하여 구성

5.3 오라클의 다양성 통합 요인 분석

5.3.1 다원화된 다양성 수준과 높은 다양성 환경 조성

다양성 통합 전략의 전략적 측면에서 오라클은 다양성을 다층적 개념으로 보고 인구 통계학적인 수준의 다양성을 넘어 기술이나 재능, 다양한 교육적인 배경과 같은 정보적 다양성의 수준을 중요하게 고려하고 장려한다. 또한 문화의 차이나 다양한 정치적 스펙트럼을 포용하고 생각과 관점의 차이, 즉 가치 다양성의 수준까지 포용하는 다원화 된 다양성 전략을 보여주고 있다.

예를 들어 오라클의 친화력 그룹 활동들이 다원화된 다양성을 고려한 활동으로 특정 소수그룹의 인구통계학적인 다양성을 기반으로 두고 종교나 문화, 가치 등의 다양성들을 존중한 활동이라는 점이다.

한편 오라클의 다양성 비전을 위한 실천 양식으로 평등고용기회 정책(Equal Employment Opportunity Policy)을 문서화하여 대내외적으로 공표하고 있다. 여기에는 동등한 고용기회를 약속하고 채용에서의 공평성과 고용결정에 있어 후보자의 자질이나 장점, 경험들, 가능성 등으로 판단하되 인종이나 색, 출생국가, 성, 결혼여부, 성적지향, 장애여부, 나이, 종교, 군복무 등 법에서 금지하는 모든 특징과 관계없이 결정한다고 명시하고 있다.

오라클은 평등고용기회 정책을 통하여 다양한 배경을 가진 사람들을 환영하고 지원하면서 조직 내 팀워크나 이해관계자와의 파트너십을 효율적으로 촉진시켜 비즈니스 전체에도 긍정적인 영향을 주고 있다.

또한 오라클의 다양성 비전은 포용하는 환경을 만드는 것으로 높은 다양성 환경을 지향한다는 다양성 통합 요인의 의미와 같다. 이것은 포용하는 환경 안에서 각 개인의 차이가 가치화되어 비즈니스의 문제들을 다양한 관점으로 볼 수 있는 기회를 제공하고 기업의 창의적인 비즈니스 전략에 적용되면서 결과적으로 기업의 공통적 목표에 집중하도록 하는 기반을 조성하게 된다.

또한 우수한 인재를 확보해야 하는 기업의 중요한 목표를 위하여 오라클은 포용을 필수적인 핵심역량으로 여기고 이것이 시장에서 유능한 인재들을 보유할 수 있는 원동력임을 강조하고 있다.

오라클은 다양성 통합 전략의 실행적 측면에서 높은 다양성 환경을 조성하기 위하여 다음과 같은 원칙과 활동을 진행하고 있다.

첫째로, 포용과 존중이라는 공통된 철학을 가지고 매 분기마다 다양성 전략을 점검한다는 것이다. 사내 다양성 웹사이트 등을 통하여 다양성 활동들에 대한 내용을 공유하고 피드백을 받아 보다 높은 다양성 환경을 만들어가기 위한 방안을 찾아 전략에 적용하고 있다.

둘째, 기업 내 문화, 종교, 철학, 성, 장애 등 모든 다원화된 다양성을 존중하면서 이러한 다양성이 오라클의 비즈니스 철학에 동화되도록 다양한 다양성 프로그램을 전개한다.

예를 들어 친화력 그룹 활동들을 통하여 소외되기 쉬운 소수그룹들의 인종, 종교, 문화의 다양성을 존중하고 OWL을 통하여 여성 임직원들의 리더십 개발을 지원하여 성별의 다양성을 추구한다. 특히 LGBT 단체와 같이 사회적인 논란이 될 수 있는 단체를 내부 커뮤니티로 인정하고 기업차원의 행사로 지원하는 것은 포용적 측면의 다양성 환경을 지향하고 있음을 보여준다.

그리고 사회적 책임을 위한 투자 프로그램들의 성과를 지속적으로 관리하여 단순히 홍보용 행사만이 아니라는 것을 입증하였다. 또한 이러한 활동들을 매월 발간되는 Dimension of Diversity나 지속가능경영보고서(Corporate Citizenship Report)를 통해 전 직원을 포함하여 이해관계자와 다양성 활동 상황을 공유함으로 조직 내 다양성 환경 조성에 기여하고 있다. 오라클의 사례를 통하여 다양성 통합 요인으로써 다양성 수준과 높은 다양성 환경을 검증하였고 다음의 명제를 제시할 수 있다.

명제 1. 다양성 통합 전략을 수행하는 기업은 다원화된 다양성 수준과 높은 다양성 환경을 조성해야 한다.

5.3.2 다양한 고객 및 이해관계자와 지속적인 파트너십 유지

오라클은 다양성 비전과 활동을 통하여 포용의 철학을 기업 내로부터 가치사슬의 주요 이해관계자인 고객과 파트너 그리고 오라클과 연계된 커뮤니티로 넓혀나가 효율적인 관계를 형성하고 있음을 보여주고 있다. 오라클의 비즈니스는 이들 주변의 이해관계자와 관계형성을 통해서 성공할 수 있기 때문에 다양한 사회적 책임을 위한 투자 프로그램을 제공하고 있다.

먼저 Project HIRED 프로그램은 장애인 고용을 위한 교육지원 사업으로 오라클 제품이나 솔루션에 관심 있는 장애인에게 기술 교육을 제공하고 오라클의 고객이나 파트너에 고용될 수 있도록 지원한다.

둘째로 오라클은 OWL 프로그램과 더불어 여성 공학자들을 장려하고 장학금을 지원하는 비영리 단체인 여성 공학자 협회(The Society of Women Engineers, 이하 SWE)의 주요 후원기업이며 캘리포니아 전문여성 경영인 협회(Professional Business Women of California, 이하 PBWC)의 후원기업으로 또한 활동하면서 여성의 리더십과 기술 양성을 돕고 있다.

셋째로 UNCF를 후원하면서 역사적으로 오랫동안 소외되어왔던 흑인성향의 대학들에 장학금과 신기술 교육 프로그램, 기술 자격증 교육, 기술 연구 지원 등 다양한 프로그램을 지원해오고 있다. 그리고 오라클의 마케팅을 흑인 커뮤니티와 연계하여 상생경영의 기반을 마련했다.

마지막으로 재향군인 교육 프로그램을 통하여 아프간 전쟁이나 이라크 전쟁에서 부상당한 재향군인들과 같이 소외되기 쉬운 그룹을 대상으로 인턴십과 기술 교육을 제공함으로 사회적 책임을 실천하면서 한편으로는 우수한 수료자를 직접 채용하여 우수인력을 확보함으로 기업의 인사 목표와도 연결을 시키고 있다.

오라클의 다양성 통합 전략에 또 다른 이해관계자는 오라클의 공급사슬 내에 있는 파트너 기업들이다. 오라클의 공급자 다양성 프로그램은 오라클에 서비스와 제품을 공급하는 공급자의 선정에 공정경쟁의 원칙과 다양성을 고려한 제도이다.

오라클은 공급자 다양성 프로그램의 웹사이트를 통하여 해당하는 소규모 또는 소수그룹을 구체적으로 정의했는데 여기에는 소규모 기업을 비롯하여 허브존(HUBZone), 여성 소유, 장애인 소유, 상이군인 소유 등의 소수그룹이 해당된다.

공급자 다양성 프로그램은 오라클 비즈니스에 필요한 재화나 서비스를 우선적으로 선정된 소수그룹 공급자의 목록을 기준으로 계약을 맺도록 관리하고 있다. 오라클 내의 공급자 다양성 팀은 매년 해당 그룹의 공급실적을 기업 커뮤니케이션팀에 전달하여 공급자 다양성 전략을 점검하고 대내외적인 기업 커뮤니케이션에도 활용하고 있다〈그림 20〉.

한편 오라클은 조직내의 공급자 다양성이 지속적으로 촉진될 수 있도록 미국 소수 공급자 개발위원회(National Minority Supplier Development Council)와 미국 여성기업 위원회(Women's Business Enterprise National Council) 등과 같은 소수그룹 커뮤니티의 멤버로 활동하면서 다양한 이벤트나 행사를 지원하고 있다.

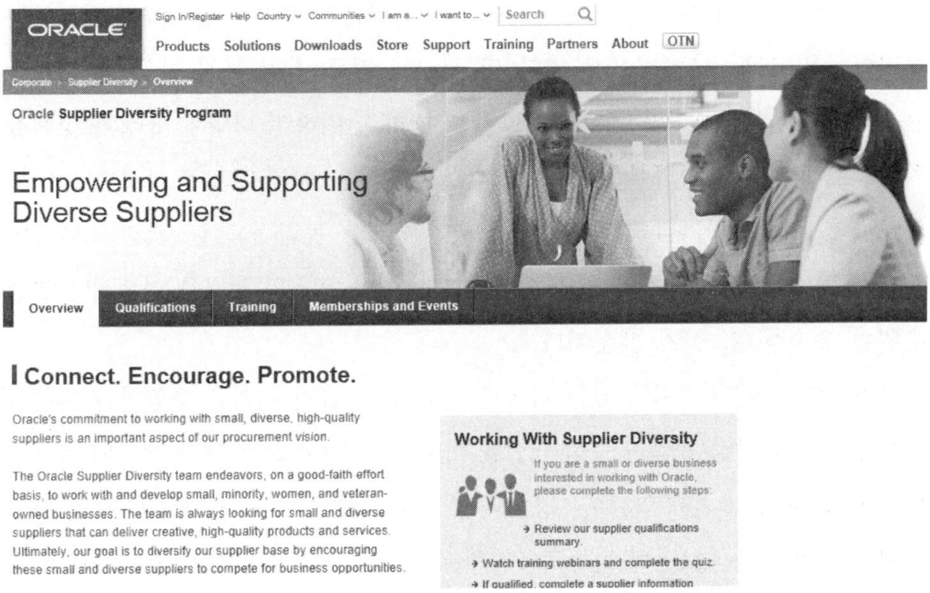

▎그림 20▎ 공급자 다양성 프로그램(자료: 오라클 홈페이지 내 다양성 웹사이트)

공급자 다양성 프로그램은 오라클의 다양성 통합 요인의 측면에서 다음의 두 가지 시사점을 제시한다. 첫째는 오라클의 가치사슬 내에 공급자 다양성 전략을 적용하여 또 다른 이해관계자와의 파트너십을 유지하는 것이고 둘째는 다양한 공급자 네트워크 전략으로 기업의 목표 및 성과와 연계할 수 있다는 점이다. 즉 프로그램을 통한 공급실적의 점검과 피드백으로 기업의 목표와 연결시키고 또한 외부 커뮤니케이션 활동에도 활용하고 있다.

이상 살펴본 오라클의 사회적 책임을 위한 투자 프로그램이나 공급자 다양성 제도의 사례를 통하여 다양성 통합 요인으로써 다양한 이해관계자와 지속적인 파트너십을 검증하였고 다음의 명제를 제시할 수 있다.

명제 2. 다양성 통합 전략을 수행하는 기업은 다양한 고객 및 이해관계자와 지속적인 파트너십을 유지해야 한다.

5.3.3 글로벌 다양성 지향

오라클의 다양성 통합 전략에서 보여주는 특징은 글로벌 다양성을 지향한다는 것이다. 전 세계 145개국에서 10만 명이 넘는 정규 직원과 전 산업 영역의 약 40만 기업 고객을 대상으로 비즈니스를 수행하기 위하여 다양한 규정과 정책을 기반으로 운영하고 있다. 그것은 비즈니스의 규모와 범위가 크고 복잡한 요인도 있지만 활동하는 국가나 지역의 인구통계학적 또는 문화적 특징, 그리고 법령이나 관습, 비즈니스의 양식에 따라 다른 다양성이나 포용의 전략을 실행해야 경쟁우위를 유지할 수 있기 때문이다.

오라클의 본사가 위치해 있는 미국과 캐나다, 중남미 지역을 포함하는 미주지역은 글로벌 다양성 전략의 중심 역할을 하며 본사 인사 본부 내에 별도의 글로벌 다양성 팀을 두고 공통의 실천 양식과 정책을 입안하여 수행하도록 지원한다. 여기에는 앞서 살펴보았던 평등고용기회 정책이나 친화력 그룹 활동, 사회적 책임을 위한 투자 프로그램, 공급자 다양성 프로그램 등이 모두 해당한다.

또한 글로벌 다양성 팀은 전 세계 각 지역에서 실행되고 있는 다양성 활동을 지역의 다양성 팀과 협조하여 지원하고 모니터링 하여 Dimensions of Diversity를 통해 전 세계 오라클 직원과 공유하고 있다. 한편 미주지역 안에 속하는 오라클 법인 중에서 해당 국가의 다양성 속성이나 제도에 따라서 별도의 다양성 전략과 활동을 수립하여 이행한다. 예를 들어 오라클 캐나다에서 전개하는 퀘벡 적극적 조치(Quebec Affirmative Action) 프로그램과 연방 계약자(Federal Contractors) 프로그램 등이 여기에 해당된다. 또한 오라클 캐나다는 별도의 다양성 잡지인 Diversity Matters를 발간하여 다양성 활동을 공유하고 있다.

영국을 중심으로 한 오라클 유럽은 별도의 다양성 이사회(Diversity & Inclusion Steering Board)를 조직하여 유럽 지역의 다양성 전략을 수립하고 실천하고 있다. 정규직원의 자발적 지원으로 구성되는 다양성 이사회는 최고 경영진과 인사본부의 지원을 받아 다양성 관련 활동이나 마케팅, 채용과 교육에 이르기까지 권한을 위임 받아 실행하고 있다.

한편 오라클 유럽 내에 다양성 네트워크 그룹(Network Groups)들을 별도로 조직하여 해당 활동을 지원하고 있다. 네트워크 그룹들은 특히 유럽에서 민감한 6개의 다양성 속성, 즉 나이, 장애인, 성, 인종, 종교 그리고 성적지향에 초점이 맞추어져 있다. 주요한 네트워크 그룹은 LGBT 네트워크 그룹, 명상(Meditation & Mindfulness) 네트워크 그룹, 크리스천 네트워크 그룹 등이 해당된다. 또한 오라클 유럽의 직원이 자유롭게 다양성에 관련한 의견이나 피드백을 주고받을 수 있는 커뮤니케이션 채널인 'Have Your Say'를 운영하고 있다.

인도권 지역, 중국권 지역, 한국과 일본 지역, 아세안 지역, 호주와 뉴질랜드 지역으로 구성된 오라클 아시아는 다양한 종교와 인종, 언어 등으로 혼재되어 본사의 다양성 팀에서 수립된 공통의 다양성 전략이나 활동에 초점을 맞추어 실행한다. 그리고 오라클 아시아의 인사 본부에 다양성 팀을 두어 각 지역의 다양성 활동을 지원하고 본사의 다양성 팀으로 피드백하고 있다.

한편 아시아 지역의 다양한 특성에 따라 별도의 OTD(Organisation & Talent

Development) 팀이 구성되어 인재개발이나 리더십 역량 개발, 핵심업무 역량 개발 등이 다양성과 연계되어 수행되고 있고 또한 오라클 아시아의 공통 언어인 영어가 취약한 지역의 직원을 위하여 글로벌 영어(Global English) 프로그램을 운영하고 있다.

오라클과 같이 글로벌 시장을 대상으로 비즈니스를 전개하는 기업이 글로벌 다양성을 지향해야 하는 이유는 첫째, 실행적 측면의 다양성 전략으로 해당 국가나 지역의 인구통계학적 또는 문화적 속성에 따라 서로 다른 법규가 존재하기 때문이다. 캐나다의 퀘벡 주와 미국은 정책적으로 약간 상이한 적극적 조치를 이행하고 있어 이에 대응하는 오라클의 다양성 프로그램도 다르게 전개하고 있다. 둘째, 상위수준의 다양성 전략으로 해당 국가나 지역의 다양성을 파악하고 기업의 마케팅이나 인사 목표와 연계하여 조직을 효율화하거나 시장을 확대할 수 있기 때문이다. 친화력 그룹 활동, 유럽의 다양성 이사회나 네트워크 그룹, 아시아의 OTD팀 활동 등은 오라클의 글로벌 다양성 활동을 보여주고 있다. 〈표 17〉은 오라클의 글로벌 다양성을 요약, 정리한 것이다. 오라클의 글로벌 다양성 사례를 통하여 다양성 통합 요인으로써 글로벌 다양성을 검증하였고 다음의 명제를 제시할 수 있다.

명제 3. 다양성 통합 전략을 수행하는 글로벌 기업은 글로벌 다양성을 지향해야 한다.

▌표 17▐ 사례기업의 글로벌 다양성 요약

지역	글로벌 다양성 제도 및 활동	글로벌 다양성 조직
전 세계 공통	*평등고용기회 정책 *친화력 그룹 활동 *사회적 책임을 위한 투자 프로그램 *공급자 다양성 프로그램 *Dimensions of Diversity	미국 본사의 글로벌 다양성 팀을 중심으로 전략 수립, 각 지역 다양성 팀과 연계하여 전세계 오라클에 공통 적용

지역	글로벌 다양성 제도 및 활동	글로벌 다양성 조직
미주 지역	*퀘벡의 적극적 조치 프로그램 *연방 계약자 프로그램 *Diversity Matters	기본적으로 미국 본사에서 수립된 공통 전략 이행, 그러나 캐나다 등은 특정 다양성 속성에 따라 별도의 제도
유럽 지역	*다양성 네트워크 그룹 * 'Have Your Say'	유럽 다양성 이사회를 조직하여 유럽 지역의 다양성 전략을 수립하고 실천
아시아 지역	*OTD 제도(글로벌 영어 프로그램 등)	OTD팀과 지역 다양성 팀을 중심으로 활동

자료: 오라클 홈페이지 내 다양성 웹사이트와 사내 다양성 웹사이트 그리고 오라클 Corporate Citizenship Report(2014)의 내용을 참조하여 구성

5.3.4 오라클의 다양성 통합 전략의 성과

오라클의 다양성 통합 전략에 의하여 수행되는 다양성 제도와 활동은 조직의 효율성과 신시장 개척 등의 기업 목표와 결합하여 경쟁우위 강화를 꾀하는 적극적인 다양성 전략을 지향하고 있다. 그리하여 다양성 통합 요인인 다원화된 다양성 수준을 고려한 높은 다양성 환경을 조성하고 다양한 고객 및 이해관계자와 지속적인 파트너십 유지 그리고 글로벌 다양성을 지향하면서 궁극적으로 기업의 직접적이고 간접적인 성과로 연결시키고 있다.

오라클의 다양성 통합 전략에 의한 직접적 성과는 다음과 같다. 첫째, 포용적인 환경 조성과 다양성의 노력으로 조직 내 여성과 소수그룹의 비율이 점차로 증가하고 있다. 2015년 미국 내 전체 직원 중에서 소수그룹이 37%이고 전체 관리자 중 34%가 소수그룹에 해당한다. 또한 여성이 전체 직원 중에서 29%이고 전체 관리자 중 25%를 차지하게 되었다.

둘째, 사회적 책임을 위한 투자 프로그램의 성과로 Project HIRED는 2010년 이후 약 70여명의 장애인 지원자들이 오라클 대학(Oracle University)에서 150

개 과정, 4,800시간의 오라클 제품과 운용교육을 수료하여 오라클의 고객이나 파트너에 대부분 성공적으로 고용이 되었고 특히 오라클도 직접 24명의 교육 수료자를 채용하였다. OWL은 해마다 전 세계 지역에서 많은 이벤트를 개최하고 있고 최근에도 70개 이상의 OWL조직에서 7000명 이상의 여성이 참여하고 있다.

그리고 미국 흑인 대학생 장학재단에 십 년간 약 백만 불 이상의 장학금과 소프트웨어 제품을 기부하면서 장학금 수여자에게 지속적으로 다양한 인턴십을 제공하여 실전교육을 통한 현실적인 업무 경험을 배우도록 지원했고 이를 통하여 오라클의 마케팅을 흑인 커뮤니티와 연계하였다. 또한 오라클의 재향군인 교육 프로그램을 통해 일정 수준에 도달하는 재향군인을 매년 채용하면서 우수인력을 확보라는 인사적 성과와 연결시켰다.

셋째, 공급자 다양성 제도를 통해 매년 해당 그룹의 공급실적을 점검하고 대내외적인 기업 커뮤니케이션에도 활용하고 있다. 또한 다양한 공급자 네트워크 전략으로 기업의 목표 및 성과와 연계할 수 있다.

넷째, 오라클의 다양성 제도와 활동이 사회적, 환경적 책임 활동과 연계하여 성과를 보이면서 각 지역의 다양한 커뮤니티를 통해 공인 받고 수상을 받았다. 〈표 18〉은 2013년과 2014년에 다양성을 포함한 사회적 책임 활동에 대한 수상 내역을 요약한 것이다.

한편 이상 논의한 오라클 다양성 통합 전략의 직접적 성과는 〈표 19〉로 요약하였다.

| 표 18 | 사례기업의 사회적 책임 활동(다양성 활동 포함)에 대한 수상 요약

연도	수상 내역
2013	• Ranked #11 in the Silicon Valley Business Journal Corporate Philanthropy Awards • Named to the list of 100 Best Corporate Citizens by Corporate Responsibility Magazine • Recognized on the Human Rights Campaign's list of Best Places to Work

연도	수상 내역
2013	• Ranked #3 on LinkedIn's list of Top 20 Most InDemand Employers in India • Ranked #16 on Hay Group's list of Top 20 Best Companies for Leadership • Received the PR News CSR Award for Best Volunteer Program • Recognized as Sustainable Business & Enterprise Roundtable's Outstanding Corporate Leader of 2013 • Named Best Diversity Company by Diversity Careers magazine • Named one of the Top 50 Best STEM Workplaces by Winds of Change magazine • Received a 100 percent rating on the Human Rights Campaign's Equality Index • Named one of the Top 50 Employers for Women Engineers by the readers of Equal Opportunity magazine • Named one of the Top 50 Employers for Workforce Diversity by the readers of Workforce Diversity magazine • Won ASHRAE Technology Awards for breakthrough and innovative energy-efficient data center technologies • Named one of the Top 50 Employers by the readers of Equal Opportunity magazine • Received a PR News Honorable Mention as Overall CSR Leader (corporation with 25K+ employees) • Named one of the Top 50 Best Companies to Sell For by Selling Power magazine • Received the Global Business Travel Association's Outstanding Achievement Award for sustainable event management • Received a Learning100! Award of Excellence for Talent Management by Elearning!: Oracle Taleo Learn Cloud Service • Received the Ventana Research Technology Award for Business Innovation in the Human Capital Management (HCM) category: Oracle Fusion HCM • Named a leader in five categories in IDC's MarketScape for Worldwide Integrated Talent Management

연도	수상 내역
2013	• Received the Friend of Fire and Life Safety Award by the Fire and Life Safety Educators of Colorado for Community Partner Support of the CSFD's SafetyFactor program • Received the American Chamber of Commerce Stars of Africa 2013 Award in the Education/Training/Skills Development category for helping establish and support the Ponelopele Oracle Secondary School • Named to LATINO Magazine's 2013 LATINO 100 List • Named Most Desired Employer in Romania by Catalyst Consulting • Ranked as follows by Great Place to Work Institute: – #3 among the best multinational companies to work for in Central America and the Caribbean – #10 among the best multinational companies to work for in Latin America – #15 among the best companies to work for in Venezuela – #17 among the best multinational companies with more than 500 employees to work for in Mexico – #48 among the best IT and telecom companies to work for in Brazil
2014	• Ranked #16 in the *Silicon Valley Business Journal* Corporate Philanthropy Awards • Received the Foreign Policy Association's Corporate Social Responsibility Award • Recognized on the Human Rights Campaign's list of Best Places to Work • Received a 100 percent rating on the Human Rights Campaign's Corporate Equality Index • Included in the list of Top 50 Socially Responsible Companies in Canada by *Maclean's* magazine • Received Kent University's Innovation Award in the "Impact Through Knowledge Exchange" category • Named Outstanding Corporate Partner by MOUSE Squad of

연도	수상 내역
2014	California (MSCA) for generous and outstanding support of MSCA at their tenth anniversary celebration • Named one of the Top 50 Employers for Women Engineers by the readers of *Equal Opportunity magazine* • Named one of the Top 50 Employers for Workforce Diversity by the readers of *Workforce Diversity* magazine • Named Best Diversity Company by *Diversity Careers* magazine • Recognized by Green Globes for sustainable building achievement: Oracle's campus in Rocklin, California • Received the Universum Award for Best IT Employer in Poland: Voted #6 by students • Named Most Desired Employer in Romania by Catalyst Consulting • Named to list of 100 Best Places to Work in Vietnam • Received the Hexagon Award for Significant Investment in Employee Training and Development by IDEA (*Instituto para el Desarrollo Empresarial de Argentina*) • Ranked as follows by Great Place to Work Institute: –#1 among the best companies to work for in Puerto Rico –#14 among the best IT and telecom companies to work for in Mexico –#15 among the best multinational companies to work for in Latin America

자료: 오라클 Corporate Citizenship Report(2014)의 내용을 참조하여 구성

| 표 19 | 사례기업의 다양성 통합 전략 성과 요약

다양성 제도 및 활동	다양성 성과 내용	다양성 통합 요인
오라클의 다양성 전략과 활동 노력	미국 내 직원 중에서 *소수 그룹: 37%, 여성: 29% 관리자 중에서 *소수그룹: 34%, 여성: 25%	다양성 환경 조성

다양성 제도 및 활동	다양성 성과 내용	다양성 통합 요인
Project HIRED	* 2010년 이후 70여명의 장애인 대상 150개 과정과 4800시간 기술 교육 * 수료자 중 24명 오라클 채용을 포함하여 대부분 고객이나 협력사에 채용	다양성 환경 조성과 다양한 이해관계자와 파트너십
OWL	* 2009년과 2010년에 약 100개의 이벤트 개최 * 전세계 70개 조직에서 약 7,000명의 여성이 참여	다양성 환경 조성과 글로벌 다양성
미흑인대학장학재단 지원 프로그램	* 10년간 백 만불 이상의 장학금과 소프트웨어 기부 * 오라클 내 인턴십 제공 * 흑인 커뮤니티와 연계한 마케팅	다양한 이해관계자와 파트너십
재향군인교육 프로그램	* 총 16명의 재향군인에게 기술 교육을 제공하고 채용 * 인사적 성과와 연계	다양성 환경 조성과 다양한 이해관계자와 파트너십
공급자 다양성 제도	* 기업의 목표 및 성과와 연계 * 대내외 기업 커뮤니케이션에 활용	다양성 환경 조성과 다양한 이해관계자와 파트너십
다양성 활동에 대한 수상 내역	* 전 세계 다양한 커뮤니티로부터 다양성 활동 공인 * 〈표 18〉참조	다양성 환경 조성과 다양한 이해관계자와 파트너십, 글로벌 다양성

자료: 오라클 홈페이지 내 다양성 웹사이트와 사내 다양성 웹사이트, 그리고 오라클 Corporate Citizenship Report(2014)의 내용을 참조하여 구성

한편 오라클의 지속적이고 적극적인 다양성 노력은 간접적으로 기업의 재무적 성과에도 기여했을 것으로 보고 있다. 오라클은 기업용 소프트웨어 분야의 세계 1위 업체로써 부채비율은 100% 이내로 최근 다년간 매출액은 연평균 10%이상 성장하고 있으며 당기 순이익도 연평균 10%이상 성장하였다. 글로벌 경제의 불

황에도 불구하고 매출과 순이익의 빠른 증가를 보여주고 있는 것은 혁신적인 기술 개발 노력과 더불어 간접적으로는 적극적인 다양성 전략과 같은 지속가능 경영의 결과로도 볼 수 있다.

5.4 오라클의 다양성 전략 사례의 시사점

본 장은 다양성 통합 요인 이론을 개발하는 목적의 사례연구로 먼저 제4장에서 기업의 전략적 다양성 관리의 이론적 배경과 관련 문헌을 기반으로 다양성 통합 전략의 세 가지 전략적 요인을 도출하였다. 다음으로 본 장에서 글로벌 IT 대표 기업인 오라클의 사례를 통하여 세 가지 다양성 통합 요인을 분석하고 검증하여 이론적 명제로 제시하였다.

본 사례연구는 기업이 기존의 소극적 다양성 전략에서 탈피하여 적극적 다양성 전략인 다양성 통합 전략을 이행하고자 한다면 첫째로, 다원화된 다양성 수준과 높은 다양성 환경을 조성해야 하고 둘째로, 다양한 고객 및 이해관계자와 지속적인 파트너십을 유지해야 한다. 마지막으로 글로벌 시장에서 활동하는 기업은 글로벌 다양성을 지향해야 한다는 세 가지 전략적 요인을 이론적 명제의 결과로써 제시하고 있다.

본 연구의 결과는 학문적인 관점으로 다양성 통합 요인의 이론적 명제가 기업의 다양성 전략을 분석하기 위한 기본 프레임의 역할을 할 것으로 기대된다. 또한 다양성 통합 요인이 기업의 다양성 전략과 성과 연구를 위한 전략적 변수를 정의하는데 기여할 것이다.

그리고 기업 실무적인 측면에서 다양성 통합 전략으로의 전환을 계획하는 한국 기업에게는 기업이 다양성 통합 전략을 수립하기 위하여 어떤 점들을 고려해야 하는지 전략적 요인과 그 기준을 제공하고 있다.

기업 내부적으로는 다원화된 다양성을 지향하면서 높은 다양성 환경을 조성하기 위한 제도적인 장치를 마련해야 하고 외부적으로는 다양한 고객 및 이해관계자와 파트너십을 개발하고 유지할 수 있는 다양한 프로그램을 마련해야 한다. 또한 글로벌 시장에서 활동하는 기업에게 글로벌 다양성의 필요성을 제시하면서 글로벌 지사에 대한 포용 정책, 해당지역의 정책과 제도에 맞는 유연한 인사 정책, 해당지역의 문화적 맥락에서 다양성 정책 수립, 글로벌 차원의 인재 개발 등의 실행 원칙을 제시하였다.

그리하여 한국 기업에게 적극적으로 다양성 통합 전략을 추진함으로 우수한 인력을 확보하고 다양한 시장으로 확대하여 경쟁력을 강화할 것을 요구하며 또한 글로벌 시장에서 심화되고 있는 해외 기업과의 경쟁에서 성과를 거둘 수 있는 선진국형 기업전략을 제시한다.

본 사례연구는 다음과 같은 한계점도 가지고 있다. 첫째, 다양성 통합 전략의 요인을 도출하는 과정에서 다양성 이론과 관련 문헌, 사례를 통하여 특정한 이론적 틀이 없이 도출되었기 때문에 세 가지 명제 외에도 다양성 통합 전략을 위한 다른 전략적 요인들이 더 있을 수 있음을 밝혀두고 이를 향후 연구의 방향으로 제시한다.

둘째, 본 연구의 결과인 다양성 통합 요인의 이론적 명제가 대표적 기업의 단일 사례 분석으로만 검증되었기 때문에 대표성 측면에서 단일사례의 한계점을 보여주었다. 따라서 향후 다양한 다양성 전략과 제도를 활용하는 기업들을 대상으로 도출된 이론적 명제를 검증하고 분석하는 다중사례연구를 진행하면 유익할 것이다.

다음 장에서는 실증연구로써 본 장의 사례연구에서 제시한 다양성 통합 전략의 전략적 요인을 포함하여 이론적 배경으로 제시된 다양성 수준과 다양성 전략 요인들을 기반으로 기업 성과에 미치는 영향을 실증적으로 수행했다.

VI 한국 기업의 전략적 다양성 관리

본 장은 전략적 다양성 관리를 위한 실증연구로써 한국 기업들의 다양성 관리 현황, 다양성 통합 전략으로의 전환 수준과 향후 가능성 등을 검증하고자 했다. 이를 위하여 제2장에서 살펴본 다양성 관리의 수준적 접근과 전략적 접근 그리고 성과 등에 관련한 이론적 배경을 기반으로 기업의 전략적 다양성 관리를 위한 연구모델을 개발하고 다양성 수준과 다양성 통합 전략, 차별철폐 전략 그리고 기업 성과와의 관계를 가설로 설정했다.

특히 제5장의 사례연구에서 제시한 다양성 통합 요인의 이론적 명제와 여러 다양성 이론들을 종합하여 다양성 통합 전략의 전략적 요인과 차별철폐 전략 요인으로 변수를 구성했다. 그리고 이러한 전략적 요인과 기업 성과의 관계를 기업 단위의 설문을 통하여 결과를 분석하고 가설을 검증하여 시사점을 제시하고자 했다.

6.1 전략적 다양성 관리의 모델 및 가설

다양성을 기업차원의 전략적 측면으로 고찰한 결과, 다양성 관리의 연구에서 인구통계학적 다양성은 오랫동안 다루어져왔고 점차 수준을 높이면서 정보적 다양성과 가치 다양성까지 결합하여 연구가 되고 있다.

한편 글로벌 기업들을 중심으로 인구통계학적 수준의 차별철폐 전략에서 포용과 통합의 속성을 가지고 높은 수준의 다양성을 지향하는 다양성 통합 전략으로 탈바꿈하는 시도를 보였다. 즉 다양성을 신규시장 창출이나 신규고객 확보 등과 같은 기업의 목표와 연계하거나 다양성으로 조직의 학습을 촉진시켜 창의성을 발휘, 궁극적으로 경쟁우위 등의 전략적 성과를 올리도록 하는 것이다. 따라서 이러한 다양성 관리의 선행연구들을 바탕으로 연구모델을 제시하면 〈그림 21〉과 같다.

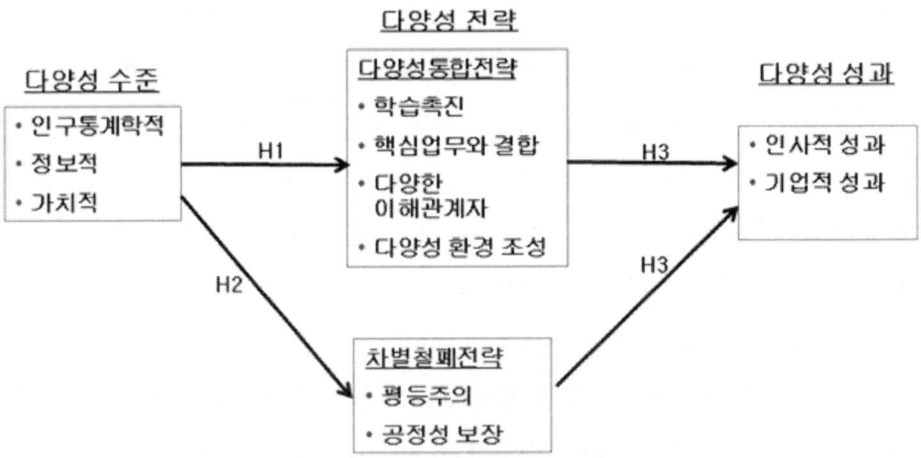

▌그림 21▐ **전략적 다양성 관리의 연구모델**

6.1.1 다양성 수준과 다양성 통합 전략 요인

본 실증연구에서 다양성 수준은 이론적 배경을 근거하여 세 가지, 즉 인구통계학적, 정보적, 가치적 다양성으로 분류하였다. 인구통계학적 다양성은 성별, 나이, 인종과 같은 주로 외면적으로 드러나는 차이를 의미하며 이를 기준으로 자신과 타인을 구분하여 부정적 태도를 취하지 않고 이를 오히려 가치 있게 여기는 정도를 말한다. 정보적 다양성은 지식, 기능, 경험, 교육적 배경 등 서로 다른 정보를 가진 구성원에 대하여 배타적이지 않고 오히려 서로 존중하며 배우려는 정도를 의미한다. 가치적 다양성은 조직의 목표와 미션에 대한 관점, 성격과 가치관이 서로 다른 조직원에 대하여 이해하고 존중하려는 정도를 의미한다. 그리하여 세 가지 다양성 수준을 요약하면 〈표 20〉과 같다.

❙표 20❙ 다양성 수준

변수 명	측정 항목
인구통계학적 다양성	* 국적, 인종의 차이 * 성별의 차이 * 나이의 차이 * 근속기간의 차이 * 출신지 차이
정보적 다양성	* 보유기술, 지식 종류의 차이 * 담당 직무의 차이 * 산업, 제품, 시장 등 경험 분야의 차이 * 전공분야의 차이 * 출신 학교의 차이
가치적 다양성	* 조직의 목표, 미션에 대한 이해의 차이 * 조직원 간 성격의 차이 * 가치관에 따른 차이

자료: Milliken & Martins(1996); Harrison, Price, & Bell(1998); Jehn et al.(1999)을 참조하여 구성

다양성 통합 전략은 Ely & Thomas(2001)의 접근과 합리의 관점과 통합과 학습의 관점 그리고 다양성 환경 등의 다양성 선행 이론을 기준으로 〈표 21〉과 같이 네 가지 요인으로 정의할 수 있다.

❙표 21❙ 다양성 통합 전략 요인

변수 명	측정 항목
학습 촉진	* 서로간의 다양한 차이를 존중하는 정도 * 다양성을 통해 학습을 촉진하고 창의적 아이디어를 창출할 수 있는 환경을 조성하는 정도 * 다양성이 학습과 혁신을 위한 자원이라는 가치의 공유정도

변수 명	측정 항목
핵심 업무와 결합	* 핵심 업무와 업무프로세스에 대한 정보 획득과 업무의 질 향상을 위해 다양성을 활용하는 정도 * 다양성을 업무과정 전반에 걸쳐 활용하는 정도
다양한 이해관계자	* 시장개척과 고객유지를 위해 다양성을 활용하는 정도 * 고객에 대한 접근을 위해 다양성을 활용하는 정도 * 다양한 배경과 속성을 가진 이해관계자들과 관계 유지의 중요성 정도
다양성 환경 조성	* 다양한 소수그룹의 구성원(여성, 외국인, 고령자, 장애인 등)의 문제에 대한 관심 정도 * 구성원의 의견을 청취하고 수렴하기 위하여 다양한 커뮤니케이션 채널(면담, 간담회, 종업원만족도조사 등) 활용 정도 * 구성원이 다양성을 이해하고 실천하도록 가이드라인을 제공하는 정도 * 다양한 배경을 가진 인력을 채용하기 위해 다각적으로 노력하는 정도 * 다양성을 회사 문화의 일부분으로 지향하는 정도

자료: Ely & Thomas(2001); 성상현(2006); 임희정(2010); Kaplan *et al.*(2011)을 참조하여 구성

다양성 통합 전략의 첫째 요인은 다양성은 서로간의 차이를 존중하고 차이를 통해 유익한 학습을 촉진하면서 창의성을 발휘한다는 것이다. 이것은 Ely & Thomas(2001)가 다양한 문화적 정체성을 가진 인력들은 가치 있는 자원이고 이들 서로 간에 차이를 존중하여 서로의 경험을 공유하면 학습을 촉진한다는 이론적 배경에 근거한다.

다양성의 학습촉진의 효과는 기업조직의 주요 업무프로세스와 연결하여 창의적 변화나 혁신을 일으키게 한다. 그리하여 기업의 다양성 관리에서 다양성 수준과 학습촉진에 관한 다음의 가설을 설정할 수 있다.

가설1a: 기업의 다양성 관리에 있어 인구통계학적 다양성 수준은 학습을 촉진하는 분위기에 긍정적인 영향을 미칠 것이다.

가설1b: 기업의 다양성 관리에 있어 정보적 다양성 수준은 학습을 촉진하는 분위기에 긍정적인 영향을 미칠 것이다.

가설1c: 기업의 다양성 관리에 있어 가치적 다양성 수준은 학습을 촉진하는 분위기에 긍정적인 영향을 미칠 것이다.

다양성 통합 전략의 둘째 요인은 다양성이 기업의 핵심 업무와 결합하여 활용되어야 한다는 것이다. 일부 다양성 전문가는 다양성을 정의하기에 모든 유사한 것과 다른 것을 가치화하는 것이라고 했다. 즉 기업조직의 차원으로 보면 기업 내 다양한 인력들이 효율적으로 기업의 핵심 프로세스들과 결합되어 기업의 가치를 상승시켜야 함을 의미한다(Heffes, 2009).

이렇듯 다양성 관리는 인적 자원 관리에만 국한된 것이 아니고 기업 내 다른 전략적 선택들과도 통합하여 기업 목표에 연결되어야 한다(Mor Barak, 2005; 이승계, 2010). 그리하여 기업이 조직을 다양하고 포용적으로 구성하면 내부적으로는 우수한 인력 확보와 다양성으로 인한 창의적 조직을 형성하게 되고 외부적으로는 새로운 고객을 창출하는 기회가 된다(Pegues, 2009). 이것은 즉 기업의 다양성 관리에 있어 다양성 수준에 따라 다양성 목표가 기업의 핵심 업무와 결합되어 활용된다는 다음의 가설을 설정할 수 있다.

가설1d: 기업의 다양성 관리에 있어 인구통계학적 다양성 수준은 다양성이 기업의 핵심 업무와의 결합에 긍정적인 영향을 미칠 것이다.

가설1e: 기업의 다양성 관리에 있어 정보적 다양성 수준은 다양성이 기업의 핵심 업무와의 결합에 긍정적인 영향을 미칠 것이다.

가설1f: 기업의 다양성 관리에 있어 가치적 다양성 수준은 다양성이 기업의 핵심 업무와의 결합에 긍정적인 영향을 미칠 것이다.

다양성 통합 전략의 셋째 요인은 다양성이 기업의 이해관계자와의 관계를 위하여 활용되어야 한다는 것이다. 즉 기업이 다양성을 고객에 대한 접근이나 시장

개척과 같은 거래관계구축 등의 조직 목표를 위하여 활용되어야 함을 의미한다(Ely & Thomas, 1996; Ely & Thomas, 2001; 성상현, 2006).

기업 내 다양한 배경과 역량을 가진 인력들이 기업의 가치사슬에 연계되어 있는 다양한 이해관계자들과 지속적으로 파트너십을 유지하는 것이 기업성장의 핵심이면서 다양성의 가치를 활용하는 것이다. 그리하여 기업의 다양성 관리에 있어 다양성 수준이 높은 기업일수록 다양성을 기업의 이해관계자와의 관계를 위하여 활용된다는 다음의 가설을 설정할 수 있다.

가설1g: 기업의 다양성 관리에 있어 인구통계학적 다양성 수준은 다양성이 이해관계자와의 관계 활용에 긍정적인 영향을 미칠 것이다.

가설1h: 기업의 다양성 관리에 있어 정보적 다양성 수준은 다양성이 이해관계자와의 관계 활용에 긍정적인 영향을 미칠 것이다.

가설1i: 기업의 다양성 관리에 있어 가치적 다양성 수준은 다양성이 이해관계자와의 관계 활용에 긍정적인 영향을 미칠 것이다.

다양성 통합 전략의 넷째 요인은 기업이 높은 다양성 환경을 조성하기 위하여 노력하고 필요한 제도적 장치나 도구를 마련해야 한다는 것이다. 그것은 기업 내에서 다양성 환경이 높을수록 조직원의 충성도가 높아지고 결과적으로 조직원의 이직률이 낮아진다는 현상과도 부합한다(Kaplan et al., 2011).

그리하여 기업들은 다양성 환경을 높이기 위해 여러 가지 제도를 도입하고 또한 성과를 올리고 있다. 여기에는 다양한 소수그룹의 문제에 대한 관심이나 그들의 의견을 청취하고 수렴하기 위한 다양한 커뮤니케이션 채널 제공, 다양성의 이해, 실천을 위한 가이드라인, 다양한 배경을 가진 인력 채용, 다양성을 회사문화의 일부분으로 지향하는 정도 등이 해당된다. 그리하여 기업의 다양성 관리에 있어 다양성 수준이 높은 기업일수록 기업은 다양성 환경을 조성한다는 다음의 가설을 설정할 수 있다.

가설1j: 기업의 다양성 관리에 있어 인구통계학적 다양성 수준은 기업의 다양성 환경 조성에 긍정적인 영향을 미칠 것이다.

가설1k: 기업의 다양성 관리에 있어 정보적 다양성 수준은 기업의 다양성 환경 조성에 긍정적인 영향을 미칠 것이다.

가설1l: 기업의 다양성 관리에 있어 가치적 다양성 수준은 기업의 다양성 환경 조성에 긍정적인 영향을 미칠 것이다.

6.1.2 다양성 수준과 차별철폐 전략, 다양성 통합 전략 비교

다양성 관리의 전략적 접근에서, 초기의 평등정책은 기업의 차별철폐 전략으로 이어지고 기업은 규제를 피하기 위하여 소극적 대응으로 일관했다. 그리고 점차 다양성이 확대됨에 따라 규제의 강화와 변화에 대한 두려움으로 회의적 시각을 갖게 되었다.

이것은 Ely & Thomas(2001)의 세 가지 다양성 관점 중에서 차별-공평의 관점의 이론에 근거한 것으로 차별은 잘못된 것이어서 서로간의 차이를 무시하고 주류문화에 동화시켜야 한다는 인식으로 〈표 22〉와 같이 변수를 요약할 수 있다.

| 표 22 | 차별철폐 전략 요인

변수 명	측정 항목
차별철폐 전략	* 차별은 잘못된 것이므로 차이를 없애고 동질화시키는 관리를 하는 정도 * 차별철폐를 통한 고용평등과 공정성의 보장을 지향하는 정도 * 다양성은 불공정한 차별의 근거이므로 주류 문화와 동화되어야 하다는 의식 * 전통적인 취약집단의 구성비율을 높이는 정책 * 채용, 개발, 승진, 유지 등에서 불이익을 당하는 집단들을 보호하기 위한 특별한 노력 정도 * 차별시정을 위해 승진인원비율 등 수치적인 목표에 관심을 집중하는 정도

자료: Ely & Thomas(2001); 성상현(2006)을 참조하여 구성

차별철폐 전략은 세 가지 다양성 관점 중 문화적 정체성 측면에서 가장 낮은 가치를 보이고 있지만 아직도 많은 국내외 기업들이 이러한 소극적 대응조차도 제대로 하지 못하고 있는 것이 현실이다(성상현, 2006). 그리하여 다양성 수준이 높은 기업일수록 우선적으로 이러한 차별철폐 전략을 수용한다는 가설과 또한 상기에서 제시한 다양성 통합 전략과의 관계에서 다음의 가설을 설정할 수 있다.

가설2a: 기업의 다양성 관리에 있어 인구통계학적 다양성 수준은 차별철폐 전략에 긍정적인 영향을 미칠 것이다.

가설2b: 기업의 다양성 관리에 있어 정보적 다양성 수준은 차별철폐 전략에 긍정적인 영향을 미칠 것이다.

가설2c: 기업의 다양성 관리에 있어 가치적 다양성 수준은 차별철폐 전략에 긍정적인 영향을 미칠 것이다.

가설2d: 기업의 다양성 관리에 있어 다양성 수준이 차별철폐 전략에 미치는 영향보다 다양성 통합 전략에 미치는 영향이 정(+)적으로 클 것이다.

6.1.3 다양성 전략과 성과

현재까지의 이론들과 연구들은 다양성과 성과의 관계를 직접적으로 보여주지 못했다. 하지만 앞에서 논의해 온 다양성 통합 전략과 차별철폐 전략과 같이 주요한 전략적 요인들이 정의되고 이와 연관된 성과의 범위가 결정되면 유의미한 다양성 관리의 성과 연구를 기대할 수 있을 것이다. 실제로 몇몇 학자들이 다양성 관리의 성과 연구를 통하여 성과 변수들을 효과적으로 제시하였다.

먼저 기업이 다양성 관리를 수행하면서 인사부문 성과로 나타난다. 다양성을 고려한 제도나 실천방식이 조직원의 몰입과 충성도를 높이고 집단정체성이나 자아효능감이 증가하며 다양성을 수용하는 태도와 문화를 형성하게 된다. 다른 주관적 성과로는 더 나은 의사결정, 유능한 소수인력 보유, 다양한 고객 기반을 둔 제품 및 서비스 창출 그리고 혁신적인 제품 개발 등을 제시했고 기업의 객관적 성과로는 수익, 시장점유율, 주가상승을 제시했다(Gilbert, Stead, & Ivancevich, 1999; Invacevich & Gilbert, 2000; 임희정, 2010).

또한 다양성 관리를 통하여 고객의 니즈 파악과 신제품 개발에 긍정적 영향을 주며(Tsui & Porter,1993) 다양성 관리를 지향하는 기업을 윤리적 기업으로 인식이 되면서 이러한 좋은 대외이미지가 투자 유치에도 긍정적 영향을 준다고 했다(Wright, Ferris, Hiller, & Kroll, 1995).

성상현(2006) 교수는 한국 기업의 다양성 관리와 성과와의 관계에서 주관적인 인사적 성과와 객관적인 기업성과를 구분하여 연구하였다. 주관적인 인사적 성과에는 직무만족도와 조직몰입도와 같은 정서적 성과, 정보 공유나 의사결정능력과 같은 인지적 성과, 대외이미지와 같은 상징적 성과, 의사소통 성과 등으로 구분하여 연구하였다. 또한 객관적인 기업성과로는 생산성, 품질, 혁신성과 그 밖에 매출액이나 당기순이익과 같은 재무성과 등으로 구분하여 연구하였다.

이상으로 다양성 관리에 의한 성과들의 이론적 배경을 중심으로 본 실증연구에서 조사할 성과들을 〈표 23〉에서 정리하였다. 또한 다양성 전략, 즉 다양성 통합 전략과 차별철폐 전략과 성과와의 관계에서 다음의 가설을 설정할 수 있다.

가설3a: 기업의 다양성 관리에 있어 차별철폐 전략은 기업의 인사적 성과에 긍정적인 영향을 미칠 것이다.

가설3b: 기업의 다양성 관리에 있어 차별철폐 전략은 기업의 기업적 성과에 긍정적인 영향을 미칠 것이다.

가설3c: 기업의 다양성 관리에 있어 다양성 통합 전략은 기업의 인사적 성과에 긍정적인 영향을 미칠 것이다.

가설3d: 기업의 다양성 관리에 있어 다양성 통합 전략은 기업의 기업적 성과에 긍정적인 영향을 미칠 것이다.

가설3e: 기업의 다양성 관리에 있어 차별철폐 전략의 성과 영향 보다 다양성 통합 전략의 성과 영향이 정(+)적으로 클 것이다.

| 표 23 | 다양성 관리의 성과

변수 명		측정 항목
인사적 성과	정서적 영향	* 직무만족도 * 조직몰입도 * 역할 정체성 * 감독자의 부하에 대한 공정성 * 충성도
	인지적 영향	* 혁신적 아이디어와 관점의 공유 * 의사결정 능력
	상징적 영향	* 공정한 공적 이미지 * 합법성
	의사소통 영향	* 내부적 의사소통 * 외부적 의사소통
기업적 성과	생산성	* 매출액 증가율 * 수익률 증가율
	품질	* 고객만족도 * 제품/서비스 품질 * 신규고객 유치수준
	혁신성	* 혁신적 제품/서비스 제공 * 특허/논문 * 경역혁신 중요성 강조정도 * 혁신활동 수행정도

자료: Milliken & Martins(1996); Benschop(2001); Delaney & Huselid(1996); 배종석(2003); 성상현(2006); 임희정(2010)을 참조하여 구성

6.2 전략적 다양성 관리의 조사 방법

본 실증연구에서는 제시된 연구 가설들을 입증하기 위하여 국내 대기업, 벤처를 포함한 중소기업, 공공기업 100개를 선정하고 또한 국내에 지사를 둔 외국계 기업 100개를 모집단으로 선정하였다. 그리고 해당기업의 경영자이거나 경영활동을 대표할 수 있는 임원급 또는 인사담당자를 대상으로 다양성 관리 현황과

성과들을 설문으로 조사하였다.

외국계 기업을 모집단에 포함한 이유는 대부분의 글로벌 기업들이 본사의 다양성 전략이나 실천양식을 많이 따르고 있고 여러 나라에서 비즈니스 활동을 전개하면서 인력다양성에 관심을 가지고 실천하고 있을 것이라는 기대 때문이다(2010, 임희정).

본 설문은 2012년 9월에 이메일을 통하여 조사되었고 결과로 66개 기업으로부터 응답을 받았다(응답률 33%). 이 중에서 복수의 응답을 받은 기업의 설문을 제외하고 결과적으로는 64개의 표본 기업이 연구 대상이 되었다.

표본업체의 업종별 분포는 제조업이 32%로 가장 많았으며 IT 및 통신서비스업이 17.2%, 공공,사회및 개인서비스업이 15.6%, 금융및 보험,부동산업이 14.1%, 교육및 사업서비스업이 9.4%, 도,소매및 숙박, 음식업이 9.4%, 기타 업종이 약 12%로 구성되었다. 기업규모로는 정규직원 500명 이상기업이 40.6%였으며 51명 이상 500명 이하 기업은 36%, 50명 이하의 기업은 23.4%의 비중을 차지했다. 토종국내기업과 외국계기업의 비율은 51.6%대 48.4%로 거의 비슷한 비율을 보였다. 그 밖에 노조가 있는 기업은 34.4%이고 없는 기업은 65.6%로 구성되었다.

본 연구에 사용된 주요변수의 측정은 총 52개의 설문 문항으로 구성하였고 크게 다양성 수준, 다양성 통합 전략, 차별철폐 전략, 기업 성과로 이루어졌다. 각 문항은 Likert 5점 척도로 측정되었다(①전혀그렇지않다 ②별로그렇지않다 ③보통이다 ④어느정도그렇다 ⑤매우그렇다). 각각의 주요변수의 측정은 다음과 같다.

다양성 수준은 앞서 다양성 관리의 수준적 접근 이론을 핵심으로 세 가지 수준별 다양성, 즉 인구통계학적, 정보적, 가치적 다양성을 총 13개의 설문 항목으로 구성하였다(〈표 20〉 참조).

다양성 통합 전략은 Ely & Thomas(2001)의 세 가지 다양성 관점 이론 중 통합과 학습의 관점과 접근과 합리의 관점, 그리고 다양성 환경 등 다양성 이론들을 기반으로 네 가지 다양성 통합 전략의 요인들을 변수로 측정하였다. 이를 위하여 성상현(2006), 임희정(2010), Kaplan et al.(2011)의 설문을 수정, 보완하여 총 13개의 문항을 구성하였다(〈표 21〉 참조).

차별철폐 전략은 Ely & Thomas(2001)의 차별과 공평의 관점을 이론적 근거로 평등의식과 공정성 보장 정도 등 성상현(2006)의 설문을 보완하여 총 6개의 문항으로 구성하였다(〈표 22〉 참조).

다양성 관리의 성과는 앞서 언급한 여러 성과의 이론들을 기반으로 인사적 성과와 기업적 성과로 구분하여 총20개의 문항을 구성, 측정하였다 (〈표 23〉 참조).

통제변수로는 해당 기업들이 속한 업종과 기업규모, 외국인투자형태, 외국인력유무, 노조유무 등을 별도로 측정하여 적절히 통제하였다.

설문 결과, 차별철폐 전략의 설문 1개 항목이 이해도의 난해함으로 응답의 신뢰성이 떨어져 설문 후 분석에서 제외하였고 또한 정보적 다양성 수준에서 출신학교의 차이에 해당하는 1개 항목은 정서적으로 학력 차이에 대한 사회적 편견으로 매우 낮은 점수의 응답을 보여 다양성 연구의 취지에서 벗어나기 때문에 마찬가지로 분석에서 제외하였다.

6.3 전략적 다양성 관리의 실증 조사 결과

본 실증연구에 사용된 통계적 분석 도구는 R Foundation의 R version 2.15.0을 사용하였다. 먼저 변수들의 신뢰도를 평가하기 위하여 가장 보편적인 Cronbach's Alpha를 측정하였다. 그 결과, 모든 변수들이 0.6이상이어서 신뢰도가 양호한 것으로 판단되었다. 또한 설문의 측정문항에 대한 요인분석을 통하여 타당도를 검증하였는데 전체적으로 비교적 만족스러운 결과를 보여주었다.

6.3.1 다양성 수준이 다양성 통합 전략요인에 미치는 영향

전략적 다양성 관리 모델을 기반으로 다양성 수준에 따른 다양성 통합 전략과 차별철폐 전략에 미치는 영향을 분석하고 해당 다양성 전략이 조직의 성과에 어떤 영향을 주는지 차례로 검증하였다.

먼저 다양성 수준이 다양성 통합 전략의 요인에 미치는 영향을 확인하기 위하여 1단계로 통제변수인 기업규모, 업종, 노조유무, 외국인력유무, 국내 및 외국계기업을 투입하고 2단계로는 각각의 다양성 수준을 독립변수로 투입하여 단순회귀분석을 실시하였다.

첫째, 다양성 수준이 학습촉진에 미치는 영향을 분석한 결과, 수준별 다양성의 독립변수인 인구통계학적 다양성, 정보적 다양성, 가치적 다양성이 모두 유의한 영향을 주는 것으로 나타났지만 모델에 대한 적합성에서는 인구통계학적 다양성과 정보적 다양성이 유의한 것으로 나타났고 가치적 다양성이 학습촉진에 미치는 영향에 대한 모델은 유의성에는 위배되는 것으로 조사되었다. 그리하여 가설 1a, 1b는 채택되고 1c는 기각된다.

이것은 다양한 정보나 인구통계학적 배경의 인력들로 구성된 조직이 대체로 서로간의 정보 교류가 활발해져 학습을 촉진하는 분위기로 이끌 수 있다는 것을 의미하고 있다. 하지만 정체성이나 성격, 가치관 등에 해당하는 가치적 다양성은 탐색이 어렵고 쉽게 드러나지 않기 때문에 인력간의 학습촉진에는 영향을 주지 않은 것으로 해석할 수있다. 즉 인구통계학적 다양성과 정보적 다양성이 학습촉진에 영향을 주는 것으로 나타났지만 가치적 다양성은 영향을 주지 않았다.

둘째, 다양성 수준이 기업의 핵심 업무와의 결합에 미치는 영향을 분석한 결과, 학습촉진과 마찬가지로 독립변수에 관하여 인구통계학적 다양성, 정보적 다양성, 가치적 다양성 모두가 유의하지만 모델의 적합성에서는 인구통계학적 다양성과 정보적 다양성만이 유의하고 가치적 다양성은 유의하지 않았다.

이것은 상기의 학습촉진의 경우와 유사하게 정보적 다양성이나 인구통계학적 다양성이 탐색이 비교적 쉽기 때문에 기업의 핵심 업무에 다양성을 활용하기가

용이한 것으로 풀이된다. 결과적으로 가설 1d, 1e는 채택할 수 있고 1f는 기각되었다.

즉 인구통계학적 다양성과 정보적 다양성을 존중하는 기업일수록 다양성을 기업의 핵심 업무와 결합하는 경향이 강한 것으로 나타났지만 가치적 다양성은 학습촉진과 마찬가지로 탐색이 어렵게 되어 핵심 업무와의 결합이 어려운 것으로 나타났다.

셋째, 다양성 수준이 기업의 다양한 이해관계자들과의 관계 활용에 미치는 영향을 분석한 결과, 앞서 다른 다양성 통합 전략의 요인들과 마찬가지로 인구통계학적 다양성과 정보적 다양성이 높은 인력들로 구성된 기업이 다양성을 다양한 이해관계자들과의 관계를 대체로 잘 활용하는 것으로 나타났고 가치적 다양성은 다양한 이해관계자들과의 관계 활용에 영향을 주지 않는 것으로 보였다.

이것은 정보적 다양성이나 인구통계학적 다양성이 새로운 고객이나 파트너들과 같은 이해관계자들을 생성하고 유지하기 위한 도구로 활용되어 신시장의 개척과 같은 중요한 성과로 이어질 수 있음을 시사하고 있다. 결과적으로 가설 1g, 1h는 채택되고 1i는 기각되었다.

넷째, 다양성 수준이 기업의 다양성 환경 조성에 미치는 영향을 분석한 결과, 세 가지 다양성의 독립변수와 모델 모두에서 유의하지 않는 결과를 나타냈다.

이것은 다양성 환경에 대한 설문의 정보형태가 다양성환경을 조성하기 위하여 제도적 장치나 도구를 마련해야 하는 현실적인 상황이나 계획을 응답자에게 질문하는 내용으로, 다른 다양성 통합 전략의 요인들이 주로 믿음이나 태도와 같은 관점적인 질문의 정보형태와는 다르기 때문인 것으로 해석된다. 즉 다양성에 대하여 갖고 있는 믿음이나 태도가 실행적인 면과는 아직 많은 괴리감이 있음을 보여주었다. 결과적으로 가설1j, 1k, 1l은 모두 기각되었다.

6.3.2 다양성 수준이 차별철폐 전략요인에 미치는 영향

다음으로는 다양성 수준이 차별철폐 전략에 미치는 영향을 분석하였다. 그 결과, 세 가지 다양성을 나타내는 모델 모두에서 유의미한 결과를 얻지 못했다. 그것은 다원적 다양성을 지향하는 기업들은 다양성에 대하여 관념적 측면일지라도 이미 차별철폐 전략의 수준을 넘어 다양성 통합 전략을 지향하거나 비전을 가질 수 있는 잠재성을 지닌 것으로 풀이된다.

이를 더 면밀히 입증하기 위하여 가설2d에서는 기업의 다양성 관리에 있어 다양성 수준이 차별철폐 전략에 미치는 영향 보다 다양성 통합 전략에 미치는 영향이 정(+)적으로 클 것이라고 예상했다. 이를 검증하기 위하여 다양성 수준을 독립변수로 그리고 다양성 통합 전략과 차별철폐 전략을 2개의 종속변수로 하는 다변량회귀분석을 실시하였다.

그 결과, 다양성 수준이 다양성 통합 전략 전반에 미치는 영향을 나타내는 β계수가 차별철폐 전략에 미치는 영향에 비해 더욱 크게 나타나 다양성 통합 전략에 더 크게 영향을 미치는 것을 입증하였다. 그리고 p값에 의한 모델의 유의성도 검증되었다. 그리하여 이론적 배경과 가설에서 논의한 것처럼 기업이 다원화된 수준으로 다양성 관리를 수행하면 다양성 통합 전략으로 전환하는 경향이 강하게 됨을 시사한다. 결국 가설 2a, 2b, 2c는 모두 기각되었고 2d만이 채택되었지만 기업들의 다양성 관리 현황과 비전을 모색할 수 있는 분석결과를 보여주었다.

6.3.3 다양성 전략이 기업의 성과에 미치는 영향

다음은 기업의 다양성 전략에서 매우 중요하면서 아직까지도 논란이 되고있는 성과와의 관계, 즉 기업의 다양성 전략이 성과에 미치는 영향을 분석하였다. 먼저 차별철폐 전략이 기업의 성과에 어떻게 영향을 미치는지 분석한 결과, 차별철폐 전략이 기업의 인사적 성과와 기업적 성과 모두에 긍정적인 것 나타났다.

이것은 대체로 조직원의 인지적 만족도나 객관적 성과가 양호한 기업들은 평등주의에 입각한 다양성의 실천원칙이나 제도를 시행하고 장려하고 있는 것으로 추론할 수 있다.

다음으로 다양성 통합 전략과 기업의 성과의 관계를 분석한 결과, 다양성 통합 전략이 기업의 인사적 성과와 기업적 성과 모두 유의하게 나타났다. 이것은 전략적 다양성 관리를 다양성 통합 전략에 근거하여 수행하는 기업이 성과 또한 우수한 것으로 평가되어 다양성과 성과의 긍정적 관계 논란에 하나의 실증사례를 보여주었다.

다음으로 다양성 통합 전략과 차별철폐 전략이 기업의 전반적인 성과에 미치는 영향을 비교 분석하고자 기업의 성과를 하나의 종속변수로 그리고 다양성 통합 전략과 차별철폐 전략을 독립변수로 다중회귀분석을 실시하였다.

그 결과, 차별철폐 전략은 유의하지 않은 반면 다양성 통합 전략은 유의하게 나타나 성과에 더 큰 영향을 주는 것으로 나타났다. 전체 모델 측면에서도 R^2과 p값이 강한 유의성을 보였다. 이것은 예측한대로 다양성 통합 전략이 차별철폐 전략 보다 더 나은 성과를 보여주는 것을 실증적으로 검증하였다. 결과적으로 다양성 전략과 기업 성과에 관한 가설3a, 3b, 3c, 3d, 3e는 모두 채택되었다.

이상 논의된 전략적 다양성 관리 모델의 가설들을 검증한 결과를 〈표 24〉으로 요약할 수 있다.

▌표 24▐ 전략적 다양성 관리와 가설 검증 결과

다양성 주제	번호	가설	결과
다양성 수준과 다양성 통합 전략 요인	1a	인구통계학적 다양성은 학습을 촉진하는 분위기에 긍정적 영향	채택
	1b	정보적 다양성은 학습을 촉진하는 분위기에 긍정적 영향	채택
	1c	가치적 다양성은 학습을 촉진하는 분위기에 긍정적 영향	기각
	1d	인구통계학적 다양성은 다양성이 기업의 핵심 업무와의 결합에 긍정적인 영향	채택
	1e	정보적 다양성은 다양성이 기업의 핵심 업무와의 결합에 긍정적인 영향	채택
	1f	가치적 다양성은 다양성이 기업의 핵심 업무와의 결합에 긍정적인 영향	기각
	1g	인구통계학적 다양성은 다양성이 이해관계자와의 관계 활용에 긍정적인 영향	채택

다양성 주제	번호	가설	결과
	1h	정보적 다양성은 다양성이 이해관계자와의 관계 활용에 긍정적인 영향	채택
	1i	가치적 다양성은 다양성이 이해관계자와의 관계 활용에 긍정적인 영향	기각
	1j	인구통계학적 다양성은 기업의 다양성 환경 조성에 긍정적인 영향	기각
	1k	정보적 다양성은 기업의 다양성 환경 조성에 긍정적인 영향	기각
	1l	가치적 다양성은 기업의 다양성 환경 조성에 긍정적인 영향	기각
다양성 수준과 차별철폐 전략, 다양성 통합 전략 비교	2a	인구통계학적 다양성은 차별철폐 전략에 긍정적인 영향	기각
	2b	정보적 다양성은 차별철폐 전략에 긍정적인 영향	기각
	2c	가치적 다양성은 차별철폐 전략에 긍정적인 영향	기각
	2d	다양성 수준이 차별철폐 전략에 미치는 영향 보다 다양성 통합 전략에 미치는 영향이 정(+)적으로 클 것	채택
다양성 전략과 성과	3a	차별철폐 전략은 기업의 인사적 성과에 긍정적인 영향	채택
	3b	차별철폐 전략은 기업의 기업적 성과에 긍정적인 영향	채택
	3c	다양성 통합 전략은 기업의 인사적 성과에 긍정적인 영향	채택
	3d	다양성 통합 전략은 기업의 기업적 성과에 긍정적인 영향	채택
	3e	차별철폐 전략의 성과 영향 보다 다양성 통합 전략의 성과 영향이 정(+)적으로 클 것	채택

6.4 한국 기업의 전략적 다양성 관리 현황과 시사점

전략적 다양성 관리 모델의 검증 결과를 토대로 기업의 다양성 관리에 주는 시사점과 한국 기업이 향후 다양성 관리 또는 다양성 경영을 위해 고려해야 할 과제를 논의해 본다.

첫째로, 기업이 다원화된 다양성을 존중하게 되면 다양성 통합 전략을 수용하게 되고 이것이 성과에 기여한다는 결과는 매우 중요한 점이다. 이는 기업이 다원화된 다양성을 존중하면서 다양성 관리를 이행하면 차별철폐 전략을 고수하기보다는 다양성 통합 전략으로 전환하는 경향이 강하게 됨을 시사한다. 차별철폐 전략을 고수하는 것도 어느 정도 성과에 긍정적인 영향을 주지만 연구 결과에서 보여주었듯이, 다양성 통합 전략을 이행하는 기업이 더 높은 인사적 성과와 기업적 성과를 기대할 수 있을 것이다.

실제로 많은 기업들이 제도적으로 평등고용과 공정성에 대한 원칙을 제도화하여 따르고 있고 이를 바탕으로 다양성을 적극적으로 수용하여 학습촉진이나 이해관계자들과의 관계 활용, 기업목표와의 연계에 활용하는 것으로 나타났다. 물론 표본 기업의 약 70%이상이 한국내의 외국계기업이나 대기업이어서 어느 정도 체계적인 다양성 관리를 이행하고 있는 최적의 표본으로 볼 수 있다. 특히 많은 외국계 기업은 글로벌 시장에서 이미 다양성 관리의 중요성을 인식하여 본사차원에서 수립된 다양성 전략에 관한 제도와 실천원칙을 따르고 있을 것으로 판단된다.

둘째로, 기업들이 다양성에 대한 관점이나 이해, 태도는 높은 수준을 보여주지만 그것을 이행하기 위한 실행적인 측면과는 여전히 괴리감이 있는 것으로 나타났다. 본 연구의 실험에서도 기업의 다양성 수준이 다양성 환경 조성에는 영향을 주지 않는 것으로 나타나 실제로 기업들은 다양성을 관념적으로는 중요하게 받아들이지만 긍정적인 다양성 환경을 만들기 위한 투자나 활동은 저조한 것이 현실로 나타났다.

이것은 기업의 경영진이나 이해관계자들이 다양성의 관점은 대체로 선진적이지만 실질적인 제도나 활동, 고용과의 연계는 미흡하다는 기존 연구와 유사한 결론을 보여준다(성상현, 2006). 하지만 다양성 전략이 성과에 긍정적인 영향을 준다는 연구 결과에서 보여주듯이 기업의 경영진은 더 적극적으로 다양성 환경 조성을 위한 실천적인 활동에 관심을 기울여야 할 것이다.

셋째로, 기업이 다양성 관리를 이행함에 있어 인구통계학적 다양성과 정보적 다양성을 중요하게 고려해야 한다는 점이다. 이것은 실증적으로 두 가지 수준의 다양성을 존중하게 되면 다양성 통합 전략을 수용하게 되고 결국 성과에 기여한다는 것을 본 연구의 결과에서 보여주었다.

또한 기존 연구에서 인구통계학적 다양성이 비록 가장 낮은 수준이지만 상위 수준의 다양성을 위하여 근본적인 역할을 한다는 것을 입증하였다. 또한 인력의 전문성이나 교육적인 배경, 경력 등에 해당하는 정보적 다양성이 학습촉진을 통한 창의성을 증대시킬 수 있고 기업의 이해관계자들과의 관계 확대를 통한 신규 고객 및 시장 창출 등, 기업목표와 연계하여 실질적인 성과에 기여하는 것으로 나타났다. 그래서 기업은 인력 다양성을 위한 제도적 측면에서 인구통계학적인 속성과 정보적 속성을 고려하여 다양한 인력을 구성하는데 역점을 두어야 할 것이다.

마지막으로 가치적 다양성의 수준은 실용적으로 활용되기가 어렵다는 점을 본 연구에서 보여주었다. 가치관이나 성격, 정체성 등의 다양성을 나타내는 가치적 다양성은 탐색이 가장 어렵지만 높은 수준의 다양성 관리 효과를 볼 수 있을 것으로 예상되었지만 본 연구에서는 다양성 통합 전략이나 성과에는 영향을 주지 않은 것으로 나타났다.

그것은 탐색이 어려워 쉽게 드러나지 않은 정체성이나 가치관의 다양성을 존중하여 활용하는 것이, 오늘날의 복잡하면서도 빠른 의사결정이 필요한 기업 경영에는 적합하지 않는 것으로 해석할 수 있다. 하지만 가치적 다양성의 이론적 중요성을 고려하여 더 밀도 있고 세심한 실증적 연구가 필요함을 향후 과제로써 남겨둔다.

본 연구를 통하여 향후 한국 기업들이 올바른 다양성 관리를 위한 전략적 관점과 방향을 제시했음에도 불구하고 연구가 가지는 한계점이 있다.

첫째, 각 가설을 검증함에 있어 몇몇 채택된 모델들의 R^2값이 기준치인 0.3이하인데 이것은 응답률이 예상보다 낮아 표본기업이 작은 것에 기인한다. 하지만 만약 표본 기업이 증가하면 만족할 만한 수치를 보일 것으로 예상되었다.

둘째, 본 연구에서 분석된 데이터는 모두 설문에 의하여 수집된 것으로 응답자가 경영활동을 하면서 해당기업을 대표하여 평가한 것이기 때문에 대체적으로 상향적인 평가를 했을 가능성이 높다. 그리하여 보다 객관적인 성과를 보여주는 기준을 마련하여 다양성 통합 전략과의 관계를 실증적으로 보여줄 수 있는 연구를 수행하는 것이 또 다른 향후 과제가 될 것이다.

VII 에필로그

이 책은 기업 경영의 관점에서 다양성 관리의 이론적 배경과 기업의 전략적 모델을 제시하는데 그 첫 번째 목적을 두었다. 다양성 관리 이론을 크게 두 가지 범주로 분류하여 먼저 다양성 관리의 수준에 따라 인구통계학적, 정보적, 가치적 다양성으로 구분하였다. 다음으로는 다양성 관리의 전략에 따라 차별철폐 전략과 다양성 통합 전략으로 나누었다.

전자는 주로 국가주도의 다양성 정책에 기반을 두고 다양성 관리모델의 기초가 되면서 궁극적으로 후자인 다양성 통합 전략을 기업차원에서 수립할 수 있도록 지원한다. 다양성 통합 전략은 다원화된 수준의 다양성이 기업 내 가치사슬과 전략적 목표에 결합된 다양성 전략으로 경영진의 지원과 몰입, 높은 다양성 환경 조성, 다양한 고객과 이해관계자들과의 파트너십 구축 등의 실천 요인들을 요구한다.

또한 다양성과 성과 관계를 이론적으로 살펴보고 다양성 변수의 범위나 상황 설정에 따라 검증이 가능할 수 있음을 여러 문헌을 통하여 확인시켰다. 그리하여 다양성 관리를 위한 기업 전략 모델이라는 총체적인 다양성 관리 모델을 제시하게 되었고 이것은 크게 국가의 다양성 정책 측면과 기업차원에서의 다양성 전략, 그리고 성과의 관계로 이어지는 모델이다.

국가차원의 다양성 정책은 평등주의 기반의 인구통계학적 다양성이 그 배경이 된다. 미국은 정책적으로 적극적 조치를 유지하면서 기업이 시장경제의 원리에 의하여 자발적으로 다양성 통합 전략을 수행할 수 있는 분위기를 조성하였다.

IBM의 사례는 다양한 고객과 시장을 창출하기 위해서는 먼저 기업자체가 다양성을 추구해야 하고 다양성을 외부의 이해관계자와의 관계를 위한 전략적 요소로 인식해야 한다는 점을 많은 주변 기업들에게 성공사례로 보여주었다. 유럽도 EC 조약의 권고가 기초가 되어 평등고용의 정책은 유지하면서 Shell과 같은 글로벌 다양성의 사례를 남겼다.

한국은 국가차원의 다양성 정책으로 적극적 고용개선제도, 외국인 고용허가제, 장애인 의무고용제도와 같이 개별적인 제도를 수행하였다. 한국의 정책들은 미국과 유럽에 비해 늦게 도입되었지만 소수그룹의 고용과 인권보호가 주요 목적인 점에서는 선진 국가의 정책과 유사하다고 볼 수있다.

그러나 제도적으로 일부 대상 기업에만 적용되고 있고 또한 그나마 적용 기업들이 수동적인 태도를 취하고 있어 다양성 통합 전략으로의 전환은 쉽지않을 것으로 예상된다. 따라서 국가차원의 다양성 정책이 기업 전반을 포괄하면서 자율적인 다양성 관리로 유도되는 제도적 장치가 필요함과 동시에 한국의 기업들이 다양성 통합 전략을 수용할 수 있는 조직적이고 문화적이며 전략적인 관점의 적응력을 향상시켜서 효율성 추구 중심의 기업전략으로 발전시켜야 할 것이다.

국가차원의 다양성 정책에 이어서 연구의 방향을 기업차원으로 전환하여 기업의 다양성 전략, 즉 기업이 다양성 통합 전략을 수행하기 위하여 어떤 전략적 요인을 수행해야 하는지를 밝혀내는 연구이다. 관련 문헌을 기반으로 다양성 통합 전략의 세 가지 전략적 요인을 도출하였다. 그리고 글로벌 IT 대표기업인 오라클의 다양성 전략 사례를 통하여 세 가지 다양성 통합 요인을 분석하고 검증하여 이론적 명제로 제시하였다.

기업이 기존의 평등주의 성향의 소극적인 다양성 전략에서 탈피하여 적극적 다양성 전략인 다양성 통합 전략을 이행하고자 한다면 내부적으로는 다원화된 다양성 수준과 높은 다양성 환경을 조성해야 하고 외부적으로는 다양한 고객 및 이해관계자와 지속적인 파트너십을 유지해야 한다. 그리고 글로벌 시장을 대상으로 활동하는 기업은 글로벌 다양성을 지향해야 한다.

이 책의 마지막 주제는 다양성 통합 전략의 전략적 요인으로 도출된 이론적 명제와 이론적 배경에서 제시했던 다양성 수준을 활용하여 기업차원의 다양성 전략과 성과와의 관계를 검증하는 실증연구를 수행하였다. 실증연구를 위하여 모집단으로 국내의 대기업, 벤처를 포함한 중소기업, 공공기업 그리고 한국내에 지사를 둔 외국계기업을 대상으로 설문 조사를 실시하였다.

인구통계학적 다양성과 정보적 다양성은 학습촉진이나 핵심 업무와의 결합, 조직목표 달성 및 이해관계자와의 관계를 위한 활용에는 긍정적인 영향을 주는 것으로 나타났지만 가치적 다양성은 이러한 다양성 통합 요인에 영향을 주지 않는 것으로 나타났다. 역시 가치적 다양성은 탐색이 어려워 정보교류 등이 쉽지 않아 학습촉진이나 핵심 업무, 이해관계자와의 관계 활용 등의 수준에까지 이르기는 어렵다는 것을 보여주었다.

또한 모든 수준의 다양성이 다양성 환경을 조성하는 것에는 아무런 영향을 미치지 않았는데 그것은 다양성 환경 조성이 현실적인 행동이나 실행 계획에 관한 질문으로 다른 다양성 통합 전략의 요인들과는 정보형태가 다르기 때문인 것으로 이해되었다. 결국 아직도 한국내 기업들이 생각하는 다양성에 대한 관념적인 믿음이나 인지가 실제 행위와는 아직 많은 차이가 있음을 보여주었다.

다양성 수준과 다양성 전략과의 관계에서 예상대로 다양성 수준이 차별철폐 전략보다는 다양성 통합 전략에 더 큰 영향을 주는 것으로 나타났다. 이것은 다원적인 다양성을 지향하는 기업은 어느 정도 차별철폐 전략의 수준을 넘어 다양성 통합 전략을 수용하거나 전환할 의사가 있는 것으로 해석할 수 있어 매우 고무적이라 할만하다.

기업의 다양성 연구에서 빼놓을 수 없는 문제이자 명확한 결론 도출이 어려웠던 다양성 전략과 기업의 성과와의 관계를 검증하였다. 먼저 차별철폐 전략은 기업의 인사적, 기업적 성과 모두에게 대체로 긍정적인 영향을 준 것으로 나타나

평등과 공정성의 원칙을 제도적으로 잘 시행하는 기업일수록 성과도 양호한 것으로 해석되었다.

다음으로 다양성 통합 전략과 기업의 성과와의 관계도 역시 매우 긍정적으로 영향을 주는 것으로 나타나서 다양성 통합 전략의 전략적 요인들을 잘 수행하는 기업은 역시 인사적인 성과와 더불어 생산적인 성과에도 긍정적인 영향을 준다는 결과를 보여주었다.

여기서 또 다른 중요한 결론은 두 가지 다양성 전략에 따른 성과 비교에서 다양성 통합 전략이 차별철폐 전략 보다 더 나은 성과를 보여주었다는 것이다. 즉 기업이 다양성 통합 전략으로 전환해야할 당위성을 실증적으로 제시했다.

이상으로 고찰되었던 결과들이 기업의 다양성을 연구하는 학자들이나 기업에서 다양성 전략을 수립하거나 이행하는 리더 또는 실무진들에게 다음과 같은 중요한 정보를 제공할 것으로 기대한다.

먼저 기업의 전략적 다양성을 연구하는 학자들에게는 첫째, 다양성 통합 요인 연구에서 도출된 이론적 명제와 다양성 관리를 위한 실증연구에서 도출된 다양성 통합 전략의 전략적 요인들이 기업의 다양성 전략을 분석하기 위한 기본적인 틀을 제공할 수 있을 것이고 향후 기업의 다양성 전략과 성과 연구를 위한 주요한 전략적 변수를 정의하는데 기여할 것으로 예상된다.

둘째, 기업이 다원화된 다양성을 존중하게 되면 다양성 통합 전략을 수용하면서 성과를 높일 수있다는 점은 학문적으로도 기업의 다양성 전략과 성과 연구를 위한 매우 중요한 검증 사례이고 향후 지속적인 다양성 연구에도 중요한 자료가 될 것으로 기대한다.

마지막으로 가치적 다양성은 학문적인 측면에서 활용되기가 어렵다는 점이다. 즉 가치관이나 성격, 정체성 등의 다양성을 나타내는 가치적 다양성은 탐색은 어렵지만 높은 수준의 다양성 관리로 나타날 것으로 기대했었다. 하지만 본 연구에서는 다양성 통합 전략이나 성과에 영향을 주지 않은 것으로 나타나 정체성이나 가치관의 다양성 활용은 점점 복잡한 프로세스로 돌아가는 오늘날의 기업 경영과 빠른 의사결정이 필요한 기업 활동에는 적용하기가 역시 쉽지 않다라고 해석할 수 있었다. 그러나 가치적 다양성은 여전히 다양성 이론에서 중요한 역할을 하기 때문에 향후 가치적 다양성을 고려하여 더 밀도 있고 세심하게 실증적 연구를 진행하면 유익한 시사점을 보여줄 수도 있을 것이다.

다음으로 다양성 통합 전략을 고려하고 있는 기업과 기업의 리더에게 주는 시사점이다.

첫째, 기업이 다양성 통합 전략 수립의 전략적 요인과 기준을 이 책에서 제공한다. 기업 내부적으로는 다원화된 다양성을 지향하면서 높은 다양성 환경을 조성하기 위한 제도적인 장치를 마련해야 하고 외부적으로는 다양한 고객 및 이해관계자와 파트너십을 개발하고 유지할 수 있는 다양한 프로그램을 마련해야 한다.

또한 글로벌 시장에서 활동하는 기업에게 글로벌 다양성의 필요성을 제시하면서 글로벌 지사에 대한 포용 정책, 지역의 정책과 제도에 맞는 유연한 인사 정책, 해당 지역의 문화적 맥락에서 다양성 정책 수립, 글로벌 차원의 인재 개발 등의 실행 원칙을 제시하였다.

둘째, 기업이 다원화된 다양성을 존중하게 되면 다양성 통합 전략을 수용하게 되고 결과적으로 성과에 기여한다는 점은 기업에게 다원화된 다양성을 존중하면서 차별철폐 전략을 고수하기 보다는 다양성 통합 전략으로 전환하도록 유도하는 당위성을 시사한다.

차별철폐 전략을 고수하는 것도 어느 정도 성과에 긍정적인 영향을 주지만, 다양성 통합 전략을 이행하는 기업이 더 높은 인사적 성과와 기업적 성과를 기대할 수 있을 것이다.

셋째, 기업들의 다양성에 대한 관점이나 이해는 높지만 현실적으로 그것을 실행하는 것과는 여전히 거리가 있었다. 본 연구에서 기업의 다양성 수준이 다양성 환경 조성에는 영향을 주지 않는 것으로 나타나 대부분의 기업들은 다양성을 중요하게 인식하고는 있지만 다양성 환경을 만들기 위한 투자나 실재 활동은 미비한 것으로 보였다. 하지만 다양성 전략이 성과에 긍정적인 영향을 준다는 본 연구의 결론이 기업의 최고 경영진과 리더들을 자극하여 보다 적극적이고 실천적인 다양성 활동으로 나타날 것을 기대한다.

마지막으로 기업이 다양성 관리를 고려할 때 인구통계학적 다양성과 정보적 다양성을 중요하게 인식해야 한다. 이것은 실증연구의 결론에서 보여준 바와 같이 두 가지 수준의 다양성을 존중하게 되면 다양성 통합 전략을 수용하게 되고 궁극적으로 성과에 기여한다는 것에서 기인한다.

또한 인구통계학적 다양성이 상위 수준의 다양성을 위한 기반 역할을 한다는 것이나 인력의 정보적 다양성이 서로의 학습을 촉진하고 많은 사람들과 관계를 확대하여 새로운 고객과 시장을 창출, 성과에 기여한다는 기존 연구에서도 이를 입증한다. 그래서 기업은 제도적으로 인력 다양성을 위한 노력을 아끼지 않아야 한다.

마지막으로 한국 기업들이 다양성 관리 또는 다양성 경영을 위해 고려해야 할 과제를 살펴보자.

첫째, 차별철폐를 위한 국가차원의 정책들이 전체 한국 기업들의 자율적이고 자발적인 다양성 정책으로 유도될 수 있는 장치를 제도적 마련해야 한다. 한국의 기업들이 다양성 전략에 대한 필요성과 인식은 획일화와 배타성을 배제하기 어려웠던 역사적 배경과 성장 중심의 빠른 경제발전 정책으로 미국과 유럽 등에 비해 많이 뒤쳐져 있다. 또한 대부분의 한국 기업들은 아직도 다양성 관련 정책들을 규제로 보고 법적인 대응으로 일관하고 있어 기업들이 다양성 통합 전략으로 전환되기에는 어려운 실정이다.

그러나 이 책을 통하여 제시된 글로벌 기업의 다양성 전략을 적절히 벤치마킹하면서 우리나라의 특성을 고려하여 기업의 경쟁우위 창출을 위한 조직의 다양한 구성과 마케팅 전략, 이해관계자와의 적극적인 파트너십 구축 등을 위한 정책을 모색하는 기회가 될 수 있기를 바란다. 또한 무엇보다 이러한 다양성의 추구가 심화되고있는 글로벌 경쟁에서 기업의 혁신과 효율성을 도출하는 핵심적인 경쟁우위가 될 수 있다는 기업의 인식과 전략적 활용을 이끌어 낼 수 있도록 활발한 연구와 제도, 정책의 기반 마련이 중요함을 시사한다.

둘째, 다차원의 다양성이 다양성 통합 전략의 수용과 성과에 기여한다는 점은 한국 기업이 다양성 전략을 수립할 때 우선적으로 다원화된 다양성의 이해와 존중이 필요함을 시사한다. 다문화 현상이나 오늘의 경제 기반에서 떠오르는 동반성장과 상생경영 등의 주제가 사회적으로 대두된지 얼마되지않은 우리의 현실에서 다차원의 다양성을 이해하고 수용해야하는 요구가 어쩌면 무리일 수 있다. 하지만 이러한 전제조건이 선결되어야 다양성 통합 전략으로의 유연한 전환으로 나타나 높은 성과를 기대할 수 있을 것이다.

특히 실증연구의 표본 기업 중 절반 가량이 한국에서 기업활동을 전개하는 외국계 기업으로 대다수가 글로벌 시장에서 이미 다양성 관리의 중요성을 인식하여 본사차원에서 수립된 다양성 통합 전략에 관한 제도와 실천원칙을 따르고 있어 한국 기업에게는 다양성 전략에 관한 유효한 벤치마킹의 대상이 될 수 있을 것이다.

끝으로 이 책을 통한 다양성 통합 전략의 모색이 한국 기업들에게 경쟁력을 강화하고 산업의 구조를 더욱 효율화하여 글로벌 시장에서 협력과 성과를 도출할 수 있는 선진국형 전략의 핵심이 될 것으로 기대한다.

■ 참고문헌

강수돌(1996), "외국인노동자 고용 및 관리실태와 정책대안", 한국노동연구원.

고용노동부(2009), " 여성과 취업", 고용노동부 여성고용과 www.molab.go.kr, 1-34.

고용노동부(2010), " 여성과 취업", 고용노동부 여성고용과 www.molab.go.kr, 1-325.

고용노동부(2010), "2009년도 장애인의무고용현황",고용노동부 고용정책실.

고용노동부(2010), "2010년 장애인 의무고용제도 변경안내", 고용노동부.

고용노동부(2015), " 2015년도 적극적 고용개선조치 결과 발표"보도자료, 고용노동부 여성고용정책과.

고준기(2005), "외국인고용허가제의 문제점과 개선방안", 법과 정책연구, 5(1), 209-233.

권경득, 김동원, 김영미, 나운환(2005), "한국정부의 Affirmative Action 정책", 한국인사 행정학회보, 4(1), 23-52.

김경희(2005), "적극적 조치의 민간부문으로의 확대방안: 미국사례를 중심으로", 여성연구, 1(68), 5-37.

김미성, 전경옥, 문경희(2007), "한국과 스웨덴의 여성고용과 남녀고용평등정책 비교", 아시아여성연구, 46(2), 85-128.

노동부(2008), "보도자료", 노동부 장애인고용과 www.molab.go.kr(알림마당).

동아닷컴(2015), http://news.donga.com

박영범(1996), "합리적인 외국인력의 활용을 위한 정책제언", 한국노동연구원, 5-45.

박종훈, 이호욱(2004),"최고경영진의 다양성과 기업의 국제화 수준 간의 관계:국제적 제휴의 매개효과", 국제경영연구, 15(2), 1-29.

박준식, 김영범(2009), "적극적 노동시장 정책의 다양성", 경제와 사회, 봄호 통권(81), 188-217.

배종석, 사정혜(2003), "인적자원관리와 조직성과에 대한 실증연구", 인사조직연구, 11(2), 133-169.

성상현(2006), "한국 기업의 다양성 관리와 기업성과", 노동시장차별과 적극적 고용개선조치I, 한국노동연구원,3(7), 208-241.

성효용(2009), "적극적 고용개선조치의 성과분석: 여성고용 및 기업성과를 중심으로",

제6회 사업체패널(WPS 2009) 학술대회, 299-314.
스캇펙(2012), "저 하늘에서도 이 땅에서처럼", 포이에마.
신우인(2010), "기도의 정석", 포이에마.
양영수, 박영렬(2010), "최고경영자팀의 해외경험과 한국 기업의 국제화 관계 분석", 국제경영리뷰, 14(4), 71-96.
에리크 쉬르데주(2015), "한국인은 미쳤다", 북하우스.
에이블뉴스(2015), http://www.ablenews.co.kr
연합뉴스(2015), http://www.yonhapnews.co.kr
오라클 2014 Corporate Citizenship Report: Positive impact(2014).
오라클 사내 다양성 웹페이지, my.oracle.com/site/hr/diversity/index.html
오라클 홈페이지 내 다양성 웹사이트, www.oracle.com/us/corporate/careers/diversity/index.html
오라클 홈페이지, www.oracle.com
오라클 Fact Sheet(2015).
유길상(2008), "외국인 고용허가제 시행 3년에 대한 평가", 한국사회정책, 14(2), 242-279.
유길상, 박영범, 어수봉, 박성재(2007), "외국인 고용허가제시행 3주년 평가 및 제도개선방안 연구", 노동부.
유길상, 이규용(2001), "외국인 근로자의 고용실태와 정책과제", 한국노동연구원.
육소영(2009), "적극적 고용개선 조치와 헌법상의 평등권-한국과 미국 헌법의 분석을 중심으로", 중앙법학, 11(3), 53-79.
윤구병(2004), "꼭 같은 것보다 다 다른 것이 더 좋아", 보리.
윤미경(2011), "여성고용 개선을 위한 적극적 조치: 인센티브제와 사회적 협약제의 비교분석", 여성경제연구, 8(1), 49-73.
이승계(2009), "인적자원관리 전략으로서의 다양성 관리", 인적자원관리연구, 17(1), 197-216.
이윤석, 홍보람(2007), "장애인 고용법제의 직업훈련효과성에 관한 연구", 법학연구 26, 381-406.

이종구, 고영희(2012), “전략적 다양성 관리를 위한 다양성 통합요인에 관한 연구 - 오라클 사례를 중심으로”, KBR, 17(2).

이종구, 고영희(2012), “한국 기업의 다양성 수준, 전략 그리고 기업성과”, 전문경영인연구, 15(3).

이종구, 고영희(2012), “한국 기업의 전략적 다양성 관리를 위한 사례 연구 - 한국과 미국, 유럽의 정책비교를 중심으로”, 기업연구저널, 7(2).

이호욱, 박종훈(2005), “최고경영진의 직무관련 다양성과 기업성과:환경불확실성과 인접 근무의 조절효과”, 경영학연구, 34(2), 375-400.

임현진, 설동훈(2000), “외국인 근로자 고용허가제 도입방안”, 노동부.

임희정(2010), “다양성관리의 실태 및 다양성관리가 조직의 성과에 미치는 영향”, 생산성논집, 24(3), 181-217.

장지연, 조준모, 이주희, 조용만, 신동균, 성상현, 부가청, 김향아(2006), “노동시장 차별과 적극적 고용개선조치”, 한국노동연구원 연구보고서.

전광석(2011), “장애인의무고용의 규범적 정당성과 제도적 타당성에 관한 연구”, 연세대학교 법학연구, 21(1), 131-160.

제이콥슨 조이스피(2008), “미국의 적극적 고용개선조치: 절차와 성과”, 기획특집-적극적 고용개선조치2 국제노동브리프, 26-42.

조성환(2007), “외국인노동자 송출국가의 현황과 정책-고용허가제하의 인력송출 국가 중심으로”, 한국민족연구논집, 28, 54-64.

조준모, 권태희(2008), “한국 적극적 조치 제도의 성과 결정 요인”, 한국노동연구원, 54-102.

채형복(2001), “유럽연합(EU)에 있어서 남성과 여성의 대우의 평등”, 국제지역연구(한국외국어대학교 한국학종합연구센터, 5(1), 149-170.

채형복(2008), “유럽연합(EU)에 있어 적극적 조치와 양성평등원칙”, 세계헌법연구, 14(1), 385-416.

통계청(2011), “성별 경제활동인구 총괄”,통계청 사회통계국 고용통계과.

황인철(2005), “남녀고용 평등을 위한 적극적 고용개선 조치의 주요 내용과 도입의 문제점”, 사상계 6월호, 34-37.

Color Magazine, www.colormagazineusa.com

http://blog.naver.com/enjoywin/220080424147

Ang, S., Van Dyne, L., Koh, C., Ng, K. Y., Templer, K. J., Tay, C., & Chandrasekar, N. A., (2007), Cultural intelligence: its measurement and effects on cultural judgement and decision making, cultural adaptation and task performance, Management and Organization Review, 3(3), 335-371.

Avery, D. R., Hernandez, M. & Hebl, M. R. (2004), Who's watching the race? racial salience in recruitment advertising, Journal of Applied Social Psychology, 34(1), 146-161.

Avery, D. R., McKay, P., Wilson, D. C. & Tonidandel, S. (2007), Unequal attendance: the relationships between race, organizational diversity cues and absenteeism, Personnel Psychology, 60(4), 875-902.

Barkema, Harry, G. (2007), Does top management team diversity promote or hamper foreign expansion?, Strategic Management Journal, 28(7), 663-680.

Bechtoldt, M. N., De Dreu, C.K.W., & Nijstad, B. A. (2007), Team personality diversity, group creativity, and innovativeness in organizational teams, The Fondazione Eni Enrico Mattei Series, SUSDIV Paper 1.

Benschop, Y. (2001), Pride, prejudice and performance : relations between HRM, diversity and performance, International Journal of Human Resources Management, 12(7), 1166-1181.

Bowers, C. A., Pharmer, J. A., & Salas, E. (2000), When member homogeneity is needed in work teams: a meta-analysis, Small Group Reseach, 31(3), 305-327.

Brislin, R., Worthley, R., & Macnab. B., (2006), Cultural intelligence: understanding behaviors that serve people's goals, Group and Organization Management, 31(1), 40-55.

Carpenter MA, (2002), The implications of strategy and social context for the relationship between top management team and firm performance, Strategic Management Journal, 23, 275-284.

Castleberry-Singleton, Candi (2009), From bolted-on to built-in, Crossing the Divide-Intergroup Leadership in a World of Difference, Havard Business Press, 187-202.

Catalyst (2004), The bottom line: connecting corporate performance and gender diversity, New York, available at: http://www.catalyst.org.

Chatman, Jennifer A., & Spataro, Sandra E. (2005), Using self-categorization theory to understand relational demography-based variations in people's responsiveness to organizational culture, Academy of Management Journal, 48(2), 321-331.

Cox, T. (1993), Cultural diversity in organizations: theory, research & practice, SF: Berrett-Koehler Publishers.

Cox, T. H., & Blake, S. (1991), Managing cultural diversity : implications for organizational competitiveness, Academy of Management Executive, 5(3), 45-56.

Cox, T., Lobel, S. A., & McLeod, P. (1991), Effects of ethnic and group cultural differences on cooperative and competitive behavior on a group task, Academy of Management Journal, 34(4), 827-847.

Dahlin, Kristina B., Weingart, Laurie R., & Hinds, Pamela J. (2005), Team diversity and information use, Academy of Management Journal, 48(6), 1107-1123.

Delaney, J. T., & Huselid, M. A. (1996), The impact of human resource management practices on perceptions of organizational performance, Academy of Management Journal, 39(4), 949-969.

Delong, Thomas (2007), A framework for pursuing diversity in the workplace, Havard Business Review., 1-10.

Diversity: Making all the difference (2008), Retrieved Nov.8, 2008, from http://www.xerox.com/go/xrx/template/009.jsp?view=Feature&Xcntry=USA&Xlang=en_US&ed_name=Careers_Diversity

Dunavant, B.M., & Heiss, B. (2005), Global diversity 2005, Washington, DC: Diversity Best Practices.

Earley, P. C., & Mosakowski, E. A. (2000), Creating hybrid team cultures: an empirical test of transactional team functioning, Academy of Management Journal, 43(1), 26-49.

Ely, R. J. (2004), A field study of group diversity, participation in diversity education programs, and performance, Journal of Organizational Behavior, 25(6): 755-780.

Ely, R. J., & Thomas, D. A. (1996), Making difference matter: a new paradigm for managing diversity, Harvard Business Review, September-October, 79-90.

Ely, R. J., & Thomas, D. A. (2001), Cultural diversity at work: The effect of diversity perspectives on work group processes and outcomes, Administrative Science Quarterly, 46, 229-273.

Gilbert, J. A., & Ivancevich, J. M. (2000), Diversity management time for new approach, Public Personnel Management, 29(1), 75-92.

Gilbert, J. A., Stead, B. A., & Ivancevich, J. M. (1999), Diversity management: a new organization paradigm, Journal of Business Ethics, 21(1), 61-76.

Hansen, F. (2003), Diversity's business case doesn't add up, Workforce, 82(4), 28-32.

Hamdani, M. R., & Buckley, M. R. (2011), Diversity goal: reframing the debate and enabling a fair evaluation, Business Horizons, 54, 33-40.

Holzer, H., & Neumark, D. (1999), Are affirmative action hires less qualified? evidence from employer-employee data on new hires, Journal of Labor Economics, 17(3), University of Chicago, 534-569.

Harrison, D. A., Price, K. H., & Bell, M. P. (1998), Beyond relational demography : time and the effects of surface- and deep-level diversity on work group cohesion, Academy of Management Journal, 41, 96-107.

Heffes, E. M. (2009), Diversity & inclusion - A work in progress, Financial Executive, 52-55.

Hubbard, E. E. (2009), The business case for diversity, Retrieved May 15, 2009, http://www.multiculturaladvantage.com/recruit/metrics/The-Business-Case-for-Diversity.asp

Jehn, K. A., & Mannix, E. A. (2001), The dynamic nature of conflict: a longitudinal study of intergroup conflict and group performace, Academy of Management Journal, 44(2), 238-251.

Jehn, K. A., Northcraft, G. B., & Neale, M. (1999), Why differences make a difference: a field study of diversity, conflict and performance in workgroups, Administrative Science Quarterly, 44, 741-764.

Joshi, A., & Roh, H. (2009), The role of context in work team diversity research: A meta-analytic review, Academy of Management Journal, 52(3), 599-627.

Kaplan David, M., Wiley, Jack, W. & Maertz Jr, Carl, P. (2011), Attachment in the relationship between diversity climate and retention, Human Resource Management, 50(2), 271-287.

Karma, Kadri, & Vedina, Rebekka (2009), Cultural intelligence as a prism between workforce diversity and performance in a modern organization, Review of International Comparative Management, 10(3), 527-542.

Kidder, L., & Judd, C. M. (1986), Research methods in social relations (5th ed.), New York: Holt, Rinellart & Winston.

Kim, S. S., & Gelfand, M. J. (2003), The influence of ethnic identity on perceptions of organizational recruitment, Journal of Vocational Behavior, 6(3), 396-416.

Kirkman, B. L., Tesluk, P. E., & Rosen, B. (2004), The impact of demographic heterogeneity and team leader-team member demographic fit on team empowerment and effectiveness, Group & Organization Management, 29(3), 334-368.

Kossek, E. E., & Zonia, S. C. (1993), Assessing diversity climate: a field study of reaction to employer efforts to promote diversity, Journal of Organizational Behavior, 14(1), 61-81.

Krstic, Ivana (2003), Affirmative action in the United States and the European Union: comparison and analysis, Law and Politics, 1(7), 828.

Kochan, T., Bezrukova, K., Ely, R., Jackson, S., Joshi, A., Jehn, K., Leonardo, J., Levine,

D., & Thomas, D., (2003), The effects of diversity on business performance: report of the diversity research network, Human Resource Management, 42(1), 3-21.

Leonard, J. A. (1984), Anti-discrimination or reserve discrimination: the impact of changing demographics, Title VII and affirmative action on productivity, Journal of Human Resource, 19, 145-174.

Leonard, J. S., Levine, D. I., & Joshi, A. (2004), Do birds of a feather shop together? The effects on performance of employees' similarity with one another and with customers, Journal of Organizational Behavior, 25(6), 731-754.

McKay, P. F., Avery, D. R., Tonidandel, S., Morris, M. A., Hernandez, M., & Hebl, M. R. (2007), Racial differences in employee retention: Are diversity climate perceptions the key?, Personnel Psychology, 60(1), 35-62.

Mcleod, P. L., Lobel, S. A., & Cox, T. H. (1996), Ethnic diversity and creativity in small groups, Small Group Research, 27(2), 248-264..

McMillan-Capehart, Amy (2005), A configurational framework for diversity: socialization and culture, Personnel Review, 34(4), 488-503.

Milliken, F. J., & Martins, L. L. (1996), Searching for common threads: understanding the multiple effects of diversity of in organizational groups, Academy of Management Review, 21, 402-433.

Mor Barak, M. E. (2005), Managing diversity-toward a globally inclusive workplace, Sage Publications.

Nishii, L. H., & Ozbilgin, M. F. (2007), Global diversity management: towards a conceptual framework, International Journal of Human Resource Management, 18(11), 1883-1894.

Pegues, H.(2009), Are workplace diversity and inclusion important?, Corridor Business Journal, 12-19.

Priem, R. (1990), Top management group factors, consensus and firm performance, Strategic Management Journal, 11, 469-479.

Pugh, S. D., Dietz, J., Brief, A. P., & Wiley, J. W. (2008), Looking inside and out: the impact of employee and community demographic composition on organizational diversity climate, Journal of Applied Psychology, 93(6), 1422-1428.

Rink, F., & Ellemers, N. (2006), What can you expect? the influence of gender diversity in dyads on work goal expectancies and subsequent work commitment, Group Processes and Intergroup Relations, 9, 577-588.

Sessa, V. I., & Jackson, S. E. (1995), Diversity in decision-making teams: all differences are not created equal, In: Martin M. Chemers, Stuart Oscamp and Mark A. Costanzo (eds), Diversity in organizations: New perspectives for a changing workplace, Thousand Oaks: Sage, 133-156.

Stahl, G. K., Maznevski, M. L., Voigt, A., & Jonsen, K. (2009), Unraveling the effects of cultural diversity in teams: a meta-analysis of research on multicultural work groups, Journal of International Business Studies, 41, 690-709.

Sucher, Sandra, J., & Corsi, Elena (2011), Global diversity and inclusion at Royal Dutch Shell(A), Havard Business Review.

Thomas, D. A.(2004), Diversity as strategy, Havard Business Review, 1-10.

Thomas, D. A., & Kanji, Ayesha (2004), IBM's diversity strategy: bridging the workplace and the marketplace, Havard Business Review, 1-27.

Thomas, D. C. (1999), Cultural diversity and work group effectiveness, Journal of Cross-Cultural Psychology, 30(2), 242-263.

Thomas, D. C., Ravlin, E. C., & Wallace, A. W. (1996), Effect of cultural diversity in work groups, In M. Erez and S. B. Bacharach(Eds), Research in the sociology of organizations, Greenwich, CT:JAI Press, 14, 1-33.

Thomas, R. (1992), Managing diversity : a conceptual framework, in diversity in the workplace : human resource initiative, S. E. Jackson and Associates (eds.), NY : The Guilford Press, 306-317.

Tsui, A. S., & Porter, L. W. (1993), A study of workforce diversity in 55 Orange county companies, unpublished manuscript, Graduate School of Management, University of California, Irvine.

US Department of Labor, Employment Standards Administration (1984), Employment patterns of minorities and women in federal contractor establishments, A report of the OFCCP, 1974-1980.

Van der Vegt GS, Van der Vliert E., & Huang X. (2005), Location-level links between diversity and innovative climate depend on national power distance, Academy of Management Journal, 48, 1171-1182.

van Knippenberg, D. (2007), Work group diversity, Annual Review of Psychology, 58, 515-541.

Watson, W. E., Kumar, K., & Michaelsen, L. K. (1993), Cultural diversity's impact on interaction process and performance: comparing homogeneous and diverse task groups, Academy of Management Journal, 36(3), 590-602.

Webber, S. S., & Donahue, L. M. (2001), Impact of highly and less job-related diversity on work group cohesion and performance: a meta-analysis, Journal of Management, 27(2), 141-162.

Woody, B. (1989), Black women in the new service economy(Working paper No.196), Wellesley, MA: Wellesley College Center for Research on Women.

Wright, P., Ferris, S. P., Hiller, J. S., & Kroll, M. (1995), Competitiveness through management of diversity: effects on stock price valuation, Academy of Management Journal, .38(1), 272-287.

다양성 전략

2016년 4월 28일 | 초판 인쇄
2016년 4월 30일 | 초판 발행

지 은 이 | 이종구
발 행 인 | 김은중
발 행 처 | 서울경제경영출판사
북디자인 | (주)우일미디어디지텍

주 소 | 03367 서울특별시 서대문구 신촌로 203 (대현동) 대현빌딩 6층
전 화 | 02)313-2682
팩 스 | 02)313-8860

등 록 | 1998년 1월 22일 제5-63호

ISBN 978-89-97937-45-5 93320 정가 15,000원